MEILIZHONGGUO HEXIEJIAYUAN
MINZUZIZHIDIFANG FAZHANCHENGJIUZHAN XUNLI

美丽中国·和谐家园
民族自治地方发展成就展巡礼

延边朝鲜族自治州卷

民族文化宫 编

民族出版社

美丽中国·和谐家园
民族自治地方发展成就展巡礼

编委会

主　　编：孙青友

副 主 编：钟兴奎　们发延

编　　审：钟兴奎　们发延　杨国文　马志敏　张树泉　徐　莹　雍继荣
　　　　　陈　烨　何　丽　吴贵飙　崔光弼　艾合买提买买提

编　　者（按姓氏笔画排序）：
　　　　　王　超　王佳媛　央　珍　白　旭　冯子倩　先　巴　刘文丽
　　　　　安　宁　许传哲　李　婷　李学思　杨　行　杨胜锋　吴家鹏
　　　　　辛宇玲　陈　红　罗吉华　炬　华　赵　茵　高彩云　陶　颖
　　　　　龚文龙　崔德志　覃诗翠　鲁　艳　蔡苏宁　穆慧贤

联　　络：鲁　艳　孔得喜　安　宁

资　　料：张仁明　王　爽　王　乐

延边朝鲜族自治州卷

编　　审：崔光弼

副编审：龚文龙

编　　辑：李　婷

总 序

为全面宣传党的民族政策和中国特色解决民族问题正确道路的成功实践及其取得的巨大成就，国家民委自2013年起，在民族文化宫举办"美丽中国·和谐家园——中国少数民族经济社会文化系列展"。展览以习近平新时代中国特色社会主义思想为指导，深入贯彻落实习近平总书记关于加强和改进民族工作的重要思想，以铸牢中华民族共同体意识为主线，全方位展示我国民族地区经济建设、政治建设、文化建设、社会建设和生态文明建设取得的巨大成就，充分展现中华文化的多彩之美、民族关系的和谐之美、民族地区的自然之美。

截至目前，已有5个自治区、20个自治州和部分自治县成功举办发展成就展。这些展览，一方面生动宣传了党的民族政策和民族区域自治制度，全面展现了中华民族一家亲、同心共筑中国梦的时代风貌；另一方面，也成为展示民族地区经济社会文化发展的重要窗口，成为保护和传承各民族优秀传统文化、增进各民族交往交流交融的重要载体，对促进新时代民族地区高质量发展具有重要意义。

为打造"永不闭幕"的民族自治地方成就展，书写新时代、展现民族地区新风采的"微型百科全书"，在中国共产党成立100周年之际，按照国家民委的部署，民族文化宫组织编纂了《美丽中国·和谐家园——民族自治地方发展成就展巡礼》系列丛书。

《巡礼》系列丛书计划编纂30册，每个民族自治州独立成册，视办展情况陆续出版。每册内容包括序篇、奋进历程篇、建设成就篇、民族团结篇、自然人文篇等5个篇章，以图片、数据、图表、文字相结合的方式呈现。系列丛书记述民族自治地方发展历程，以全面反映改革开放以来特别是党的十八大以来，在党的民族政策的光辉照耀下民族自治地方发生的历史性巨变，为广大读者及大专院校、科研机构提供参考。

《美丽中国·和谐家园——民族自治地方
发展成就展巡礼》系列丛书编委会

目　录

序　篇 / 1

奋进历程篇 / 15
　　一、难忘岁月 / 17
　　二、力量之源 / 24

建设成就篇 / 37
　　一、经济建设 / 39
　　二、政治建设 / 99
　　三、文化建设 / 115
　　四、社会建设 / 193
　　五、生态建设 / 205

目 录

民族团结篇 / 225

一、民族构成 / 227

二、民族团结进步创建工作 / 230

三、民族团结进步教育基地典型案例 / 244

四、民族团结进步创建的经验启示 / 249

自然人文篇 / 253

一、生态之魅——大美长白山 / 255

二、民族之魅——最炫民族风 / 269

三、边境之魅——沿疆游三国 / 281

四、冰雪之魅——雪韵图们江 / 285

结　语 / 287

后　记 / 288

序 篇

延边朝鲜族自治州位于吉林省东部，幅员4.33万平方千米，约占吉林省总面积的四分之一。地处中、俄、朝三国交界，面临日本海，东与俄罗斯滨海边疆区接壤，南隔图们江与朝鲜咸镜北道、两江道相望，西邻吉林市、白山市，北接黑龙江省牡丹江市。境内边境线总长768.5千米。其中，中朝边境线522.5千米，中俄边境线246千米。依托吉、黑、辽三省广阔的腹地，是东三省沟通海内外的重要窗口，是东北振兴、图们江开发等国家战略叠加区，也是东北亚区域经济、人口、地理三个重心的交汇点，在联结亚、欧、美海陆运输格局中居于重要的枢纽地位。延边朝鲜族自治州成立于1952年9月3日，下辖延吉、图们、敦化、珲春、龙井、和龙6市和汪清、安图2县，首府为延吉市。2019年末全州常住总人口为207.2万人，有汉族、朝鲜族、满族、回族、蒙古族等39个民族，少数民族人口82.77万人，其中朝鲜族人口74.21万人，占全州总人口的35.82%，是我国唯一的朝鲜族自治州和最大的朝鲜族聚居地区。

延边历史悠久。根据已发掘的新石器时代出土文物记载，早在新石器时代，中华肃慎族就在这块土地上繁衍生息。汉朝时，延边属于玄菟郡管辖，唐朝属安东都护府辖地，后属肃慎后裔粟末靺鞨建立的渤海国管辖。元、明时代，延边地区先后属辽阳行省开元路、奴儿干都司布尔哈图等卫所管辖。晚清时期，清政府设珲春协领管辖今日延边州区域。中日甲午战争结束后，清政府为加强对延边地区的管理，设立"延吉府"。民国时期，设吉林省东南路观察署。1945年8月19日，苏联红军和东北抗日联军延边分遣队进驻延吉，延边地区获得解放。1952年9月3日，在中国共产党的民族政策光辉照耀下，延边朝鲜民族自治区成立，辖延吉市和延吉、珲春、和龙、汪清、安图5个县。1955年12月，根据宪法规定，将延边朝鲜民族自治区改为延边朝鲜族自治州。1956年10月，经国务院批准，将原属吉林专区的敦化县划入延边朝鲜族自治州；1965年5月，图们镇从延吉县划出，并设图们市，成为州辖市。1983年4月7日，将延吉县更名为龙井县。1985年2月28日，撤销敦化县，设立敦化市（县级）。1988年6月14日，经国务院批准，撤销珲春县、龙井县，设立珲春市（县级）、龙井市（县级）。1993年9月15日，经国务院批准，撤销和龙县，设立和龙市（县级）。

延边朝鲜族自治州地处美丽的长白山区，整体地势西高东低，自西南、西北、

长白山天池

东北三面向东南倾斜，以珲春一带为最低。整个地貌呈山地、丘陵、盆地三个梯度，山地比重大，肥沃的河谷盆地分布在山岭之间。盆地边缘和山岭交接处，形成蜿蜒起伏的丘陵地带。全州拥有国家级自然保护区7个、省级自然保护区6个，林业总经营面积40660平方千米，有林地面积35430平方千米，活立木蓄积量4亿立方米，森林覆盖率高达81.4%，是吉林省乃至全国公认的"天然氧吧"和"生态后花园"。延边境内有大小河流487条，水能蕴藏量141万千瓦。其中矿泉水资

源是我国少有的饮用天然矿泉水集中分布区之一，品质被国际权威机构确认为世界顶级矿泉水，与欧洲阿尔卑斯山和俄罗斯高加索山并列为世界三大矿泉水产地，仅二道白河地区日出水量就达12万立方米，开发潜力巨大。州内已探明金属、非金属矿产93种，煤炭、油页岩、石灰石、黄金、铁、钨、钼等储量巨大。野生动物367种，其中就有被称为百兽之王的野生东北虎，野生植物3890种，其中药用植物850多种，盛产被誉为"东北三宝"的人参、鹿茸、貂皮。延边大米、黄牛

肉、食用菌、烟叶、蜂蜜、五味子、苹果梨等特色产品驰名中外。延边旅游资源丰富，长白山风光游、朝鲜族民俗风情游、跨国跨境游、生态旅游、冰雪旅游、红色旅游、汽车自驾游等具有广阔的市场空间。

延边朝鲜族自治州是中国朝鲜族居住最集中、朝鲜族民俗文化保存最完整的地区，作为清朝皇族的发祥地，古渤海国、东夏国发源地，延边民俗风情多彩、历史文化悠久；朝鲜族崇文重教、注重礼仪、能歌善舞、酷爱足球，素有"文化之乡""歌舞之乡""足球之乡"的美誉，是传承中华人民共和国朝鲜族文化的示范基地。非物质文化遗产达到300余项，朝鲜族农乐舞成为我国唯一列入联合国人类非物质文化遗产代表作名录的舞蹈类项目。"红太阳照边疆，青山绿水披霞光，长白山下果树成行，海兰江畔稻花香……"一首《红太阳照边疆》曾经唱遍大江南北，歌曲反映的正是延边人民的精神风貌和风土人情。

2015年7月，习近平总书记在延边考察调研时曾表示中华人民共和国成立以来特别是改革开放以来，延边州各项事业取得巨大成就，民族团结进步呈现可喜局面。近年来，延边州深入贯彻落实"统一和自治相结合，民族因素和区域因素相结合"的要求，着力加强经济发展、民生改善、生态保护、民族文化等方面的立法，加强对自治条例落实情况的监督检查，先后颁布实施了几十个单行条例，出台具有法律效力的决议和决定一百多个，进一步体现了民族区域自治制度的优越性。

近年来，延边州每年拿出财政支出的70%以上投入民生建设，谋划和实施了一系列重大民生工程：加快实施保障性安居工程，继续推进"暖房子"工程和农村危旧房改造；深入实施"强基富民固边"工程和"兴边富民行动"，加大政策倾斜、项目扶持和资金投入。如今，延边州社会各项事业已经取得了长足的发展。

近年来，延边州大力宣传传统文化，着力推进独具特色的朝鲜族文化、图们江文化、长白山文化和红色文化，不断增强各民族群众对伟大祖国、中华民族、中华文化、中国共产党、中国特色社会主义的认同，构建各民族共有的精神家园。

近年来，延边州切实做好国家通用语言文字教育，提高少数民族参与社会事务和自我发展能力，促进各民族交流、交往、交融。全面实施义务教育，在全国民族地区率先实现扫除文盲。顺利通过国家义务教育基本均衡验收。

春到图们江

海兰江畔稻花香

延边朝鲜族自治州卷
序 篇

近年来，延边州各族干部群众深入实施西部大开发、振兴东北老工业基地、图们江区域合作开发等重大战略，充分挖掘自身优势和发展潜力，全力推进发展，经济实力明显增强，人民生活显著改善，社会事业繁荣发展，走出了一条符合延边实际的强州富民之路。

作为吉林省两大集中连片特困地区之一，延边州8个县市中曾有4个国家扶贫开发工作重点县，2012年年底，贫困发生率高达29%。近年来，延边州各族干部群众上下一心，坚持把脱贫攻坚作为最大的政治任务和第一民生工程，按照"六个精准"要求，实施"五个一批"脱贫路径，确保脱贫攻坚责任落实、政策落实、工作落实。2019年4月，和龙市、龙井市、图们市摘帽，2020年4月安图县和汪清县摘帽。奋力决战脱贫攻坚，实现了所有贫困县全部脱贫摘帽。

自治州成立60多年来，特别是党的十八大以来，在习近平新时代中国特色社会主义思想的指引下，延边各族人民共同团结奋斗，共同繁荣发展，取得了前所未有的辉煌成就，全州上下呈现出经济发展、政治安定、文化繁荣、社会和谐、民族团结、边疆稳固、各族人民安居乐业的良好局面。在脱贫攻坚、决胜全面建成小康社会的征程中，与全国各族人民一道共同唱响"中华民族一家亲、同心共筑中国梦"的美妙乐章。

在党的民族政策光辉照耀下，州政府始终坚持把民族团结进步作为头等大事和首要责任，紧紧围绕"铸牢中华民族共同体意识"这一主线，积极探索和实践民族区域自治制度在各项事业发展中的运用，延边州发生了前所未有的巨大变化。民族团结进步工作已成为引领各项工作的一面旗帜，"像爱护眼睛一样爱护民族团结"的观念早已深入人心。延边州牢牢把握"共同团结奋斗、共同繁荣发展"的主题，坚持把民族团结进步创建工作纳入州政府年度重点工作目标。各县（市）结合实际，成立领导机构，建立完善工作机制，切实加强对创建活动的领导，全州上下联动，推动创建工作制度化、规范化、常态化，呈现出和谐稳定发展的良好局面。

近年来，延边陆续出台《中共延边州委州人民政府关于深入开展民族团结进步创建活动的意见》《中共延边州委州人民政府关于深入开展民族团结宣传教育活动的实施意见》《延边朝鲜族自治州关于贯彻落实中办〈关于全面深入持久开展民族团结进步创建工作铸牢中华民族共同体意识的意见〉的实施方案》，民族团结进步创建工作实现了制度化、规范化。

民族团结进步的花儿最鲜艳，民族团结进步的果实最香甜。如今，在延边，一幅幅盛世和谐、民族团结的优美画卷，一处处平安有序、发展进步的繁荣景象，诠释了全州各项事业发展带来的深刻变化，各族群众在这片沃土上和睦共处，安居乐业。自1994年开始自治州曾连续五次被国务院评为"全国民族团结进步模范自治州"（1994年），"全国民族团结进步模范单位"（1999年），"全国民族团结进步模范集体"（2005年、2009年、2014年），被国家民委确定为"全国民族团结进步创建活动示范州"，所辖8个县（市）中有7个县（市）被命名为全国民族团结进步示范单位。

2014年，在庆祝《中华人民共和国民族区域自治法》颁布实施30周年之际，延边朝鲜族自治州成就展于6月26日至7月5日在北京民族文化宫展览馆成功举办。成就展围绕中国朝鲜族迁徙史和延边革命斗争史，追溯延边民族团结的历史根源；围绕"富庶、开放、生态、和谐、幸福"延边建设，展现了延边建州以来所取得的辉煌成就。展览历时10天，接待观众8万余人次，赢得了广泛关注和好评，取得了显著的政治、经济和社会效益。

本卷是在2014年延边朝鲜族自治州成就展的基础上，加上近年来的发展成就汇编而成，以期打造"永不闭幕"的延边朝鲜族自治州成就展。

延边州曾连续五次被国务院评为"全国民族团结进步模范集体"等

观众参观展览

观众参观展览

吉林省延吉市北山街道丹英社区的老人们亲如一家

延边教育文化水平已居全国各民族之首,素有"教育之乡"的美誉

延边州第十五次民族团结进步模范、汪清县第四幼儿园园长李海兰与孩子们做游戏

武警延边支队官兵来到图们市新民社区,与辖区的朝鲜族老人和儿童一起欢度元宵佳节

自信、乐观、好学的延边朝鲜族儿童

奋进历程篇

早在 26000 多年以前的旧石器时代晚期，在延边大地上已有"安图人"生息活动。后来，从事狩猎和农业的氏族公社部落渐渐分布在图们江及其各支流，牡丹江及绥芬河上游一带。从远古以来，东北地区各民族的祖先就用自己的双手开发了这片土地，在辛勤的劳动中发挥聪明和才智，创造了灿烂的古代文化。

19 世纪后半期以来，延边各族人民为反对帝国主义侵略，反抗统治阶级的压迫和剥削，前仆后继，英勇奋斗，终于在中国共产党的领导下取得新民主主义革命的伟大胜利，共同走上社会主义革命和社会主义建设的康庄大道。

中华人民共和国成立后，在党和国家的关怀和党的民族政策的指引下，各族人民当家做了主人，延边历史翻开了崭新的一页。各族人民团结一心、艰苦奋斗，逐步走上健康快速发展之路。

一、难忘岁月

中国朝鲜族是从朝鲜半岛迁移到我国东北地区的迁移民族，主要聚居于延边地区。延边朝鲜族在与延边其他兄弟民族一道拓荒垦殖，一道在反帝反封建、反官僚资本主义斗争和抗日战争、解放战争中并肩战斗，结下了深厚的情谊，形成了对中华民族的认同感。

这段难忘的岁月，见证了延边民族团结进步事业的扎实基础和历史根源。

（一）共同开发

朝鲜族先民越江开垦，处境十分困难，但是他们在汉、满等民族的帮助下披荆斩棘、垦拓荒地、辛勤劳动，逐渐建立家园并定居下来，成为我国民族大家庭中的一员。作为一个农业民族，朝鲜族以在寒冷的北方种植水稻著称，他们在我国农业史上创造性地揭开了崭新的一页。

迁入延边的朝鲜集团部落

延边"集团部落"的朝鲜族正在煮饭

迁入初期的朝鲜族农家

1890年，龙井光昭一带的朝鲜族农民开发水田，开始种植水稻

1906年，龙井大教洞14户朝鲜族农民共同开掘水渠1308米，引河水灌溉水田33垧，此为延边地区最早的水利灌溉工程

新中国成立后，朝鲜族农民分田分地

1919年龙井"3·13"反日示威运动

（二）并肩战斗

在新民主主义革命斗争时期，朝鲜族人民的英雄儿女在中国共产党的领导下，英勇奋战，不惜牺牲，谱写了无数可歌可泣的壮美诗篇。据延边朝鲜族自治州政府统计，政府登记在册的革命烈士中朝鲜族革命烈士占97%以上，延边朝鲜族中每20户里就有一名烈士。如今，延边的各城镇和乡村到处矗立着缅怀烈士的革命烈士纪念碑，正如著名诗人贺敬之所道："山山金达莱，村村烈士碑。"

全州朝鲜族烈士统计表

牺牲时期	牺牲人数	男性	女性	党员	团员
1937年7月6日前	2793	2473	320	510	93
1945年9月3日前	233	217	16	40	3
1949年9月30日前	3713	3691	22	115	8
抗美援朝朝鲜人民军	7124	7103	21	386	
抗美援朝志愿军	649	640	9	57	9
新中国成立后	223	219	4	40	23
时期不明	147	145	2	3	
合计	14882	14488	394	1151	136

朝鲜族人民踊跃参军

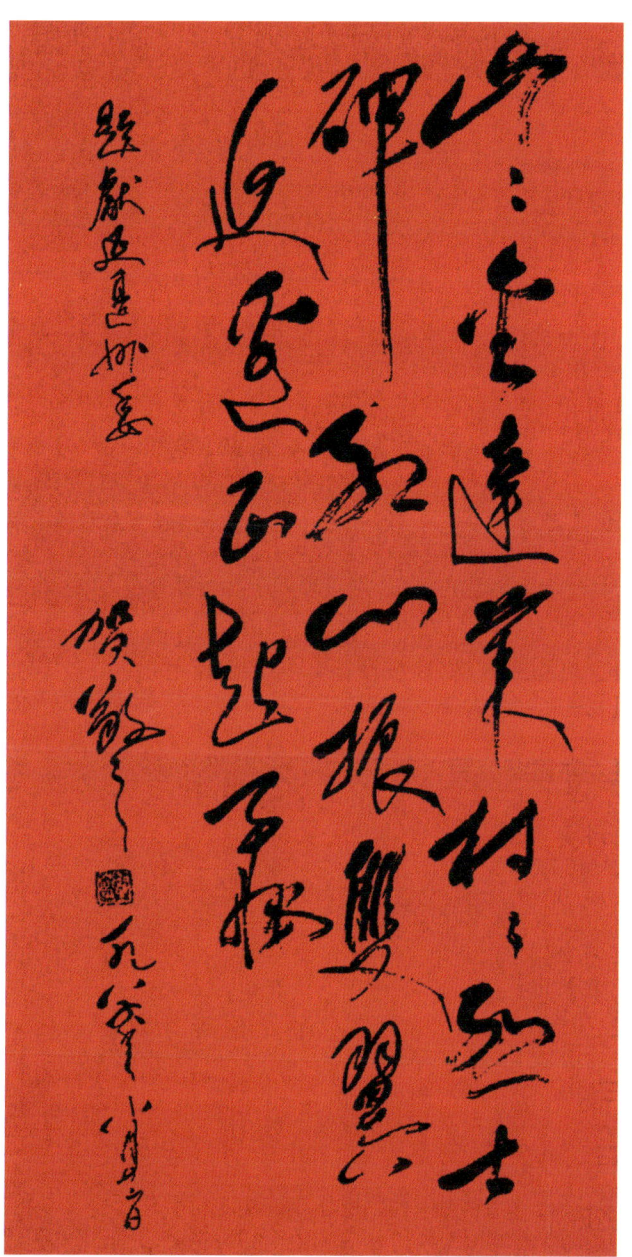

贺敬之题词：山山金达莱，村村烈士碑。红心振双翼，延边正起飞

中国人民解放军第四野军十五兵团四四军工兵营二连胜

参加全国解放战争的朝鲜族勇士

珲春大荒沟十三烈士纪念碑

1947年2月22日，东北民主联军1纵队2师，6纵队17、18师的朝鲜族指战员参加守城子街战斗，消灭国民党新1军38师89团3000余人

二、力量之源

中华人民共和国成立后，延边各族人民当家做了主人，延边历史翻开了民族区域自治的崭新一页。从那时起，延边逐步走上健康快速发展之路，建立起更加平等、团结、互助、和谐的社会主义民族关系。延边每一次发展，每一次跨越，都来自于党和国家的关怀、党的民族政策的指引和民族区域自治制度的保障。这就是力量的源泉。

（一）亲切关怀　殷切希望

党和国家领导人高度重视延边的发展，周恩来、朱德、贺龙、董必武、胡耀邦、邓小平、江泽民、胡锦涛、习近平等先后视察了延边，给予关怀，寄予厚望。1983年，邓小平视察延边朝鲜族自治州时，曾留下"把延边朝鲜族自治州建设得更快些更好些"的题词；1991年，江泽民视察延边朝鲜族自治州时，曾留下"把延边朝鲜族自治州建设成全国模范的自治州"的题词；2015年7月16日，习近平总书记在延边考察调研时指出，我们正在为全面建成小康社会而努力，全面小康一个也不能少，哪个少数民族也不能少，大家要过上全面小康的生活。

（二）民族区域自治制度

1949年9月29日，中国人民政治协商会议第一届全体会议通过的《中国人民政治协商会议共同纲领》明确规定："各少数民族聚居的地区，应实行民族的区域自治，按照民族聚居的人口多少和区域大小，分别建立各种民族自治机关。"民族区域自治载入当时起临时宪法作用的共同纲领，标志着民族区域自治作为基本政治制度在我国正式确立。

为了正确实行这一制度，1952年8月中央人民政府委员会颁布了《中华人民共和国民族区域自治实施纲要》；1984年5月，第六届全国人民代表大会第二次会议根据宪法的规定通过了《中华人民共和国民族区域自治法》，10月1日起实施。

1952年8月29日，延边各族各界第一届人民代表会议在延吉市隆重举行，代行人民代表大会职权。中央人民政府政务院民族事务委员会、东北人民政府、中共吉林省委和省人民政府的领导特地前来祝贺。中共延边地委书记朱德海在会

1952年7月，吉林省延边朝鲜民族自治区（1955年12月改为延边朝鲜族自治州）首届第一次人民代表大会召开。图为大会会场

朱德海致大会开幕词

上做了《关于吉林省延边朝鲜民族自治区人民政府的施政建议》的报告。会议选举朱德海为自治区人民政府主席，董玉昆、崔采为副主席，田仁永等32人为政府委员，并选举法院院长和检察院检察长。

1952年9月3日，延边朝鲜民族自治区成立大会在延吉市隆重举行，由朱德海宣布吉林省延边朝鲜民族自治区成立。全国各地发来贺电，祝贺自治区的诞生。全体代表分别向毛泽东主席和朱德总司令发出致敬电，决心团结一致，努力奋斗，建设边疆，保卫边疆。从此，每年的9月3日便成为延边各族人民共同庆贺的盛大节日。1955年4月，根据宪法规定，经国务院批准，决定改延边朝鲜民族自治区为延边朝鲜族自治州。同年12月，召开延边朝鲜族自治州第一届人民代表大会第二次会议，宣布改自治区为自治州，选举朱德海为州长，并选举17名委员组成州人民委员会。1956年12月召开自治州第二届人大第一次会议，讨论并通过了《延边朝鲜族自治州各级人民代表大会和各级人民委员会组织条例》。

作为在中国较早建立的民族自治地方，延边朝鲜族自治州在民族区域自治政策的指引下，政治、经济、文化等各项事业得到了快速发展。

1955年12月27日在延边朝鲜族自治州第一次人民代表大会第二次会议上，将延边朝鲜民族自治区改为延边朝鲜族自治州。图为州人民委员会委员合影

1952年9月3日，延边各族人民庆祝延边朝鲜民族自治区人民政府成立大会在延吉市西广场召开

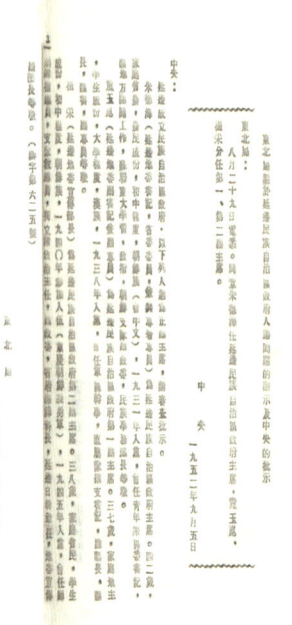
东北局关于朱德海、董玉昆、崔采任延边朝鲜民族自治区政府主席、副主席的请示及中央的批示

当选的自治区主席朱德海（中）、副主席董玉昆（左）、崔采（右）

1952年9月3日，延边朝鲜民族自治区人民政府正式挂牌

延边州民委在迎州庆广场法制宣传活动中宣传《中华人民共和国民族区域自治法》等法律法规

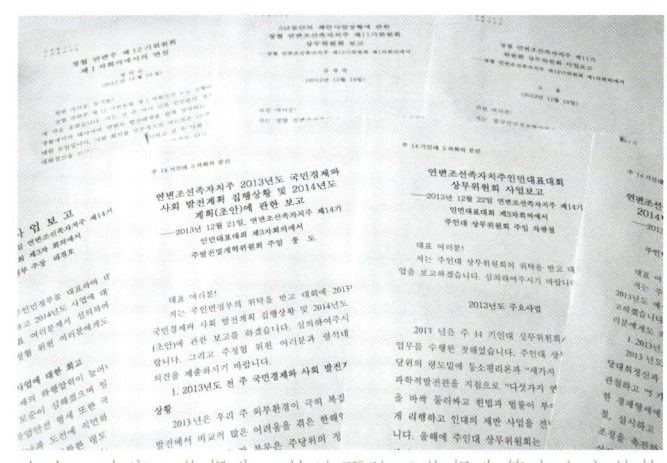
人大、政府工作报告、检法两院工作报告等官方文件均使用朝鲜文

军警地应用朝鲜语培训班开班仪式

规范市面民族语言的使用。图为检查中发现的不符合有关规定的牌匾

享有接受本民族语言文字教育权利

（三）保护和推广朝鲜语文

中华人民共和国成立以来，党和政府高度重视少数民族语言文字工作，根据我国政治、经济和文化发展的各个历史时期的不同特点，制定和颁布了一系列行之有效的法律法规，有力地推动了我国少数民族语言文字的繁荣发展。延边州是全国唯一的朝鲜族自治州和最大的朝鲜族聚居区，朝鲜语言文字作为延边州的通用语言文字之一，广泛应用于全州政治、经济、教育、新闻、司法、日常生活等领域，在传承朝鲜族文化、促进延边州对外开放、推动经济社会发展、维护民族团结和社会和谐、边疆稳固等方面，发挥了不可或缺的重要作用。

延边州语委机关干部在推荐书目朗读会上用朝鲜语朗诵作品

为指导规范使用朝鲜语言文字,延边州语言文字工作者及专家学者编纂出版一系列书籍。图为部分工具书和研究成果

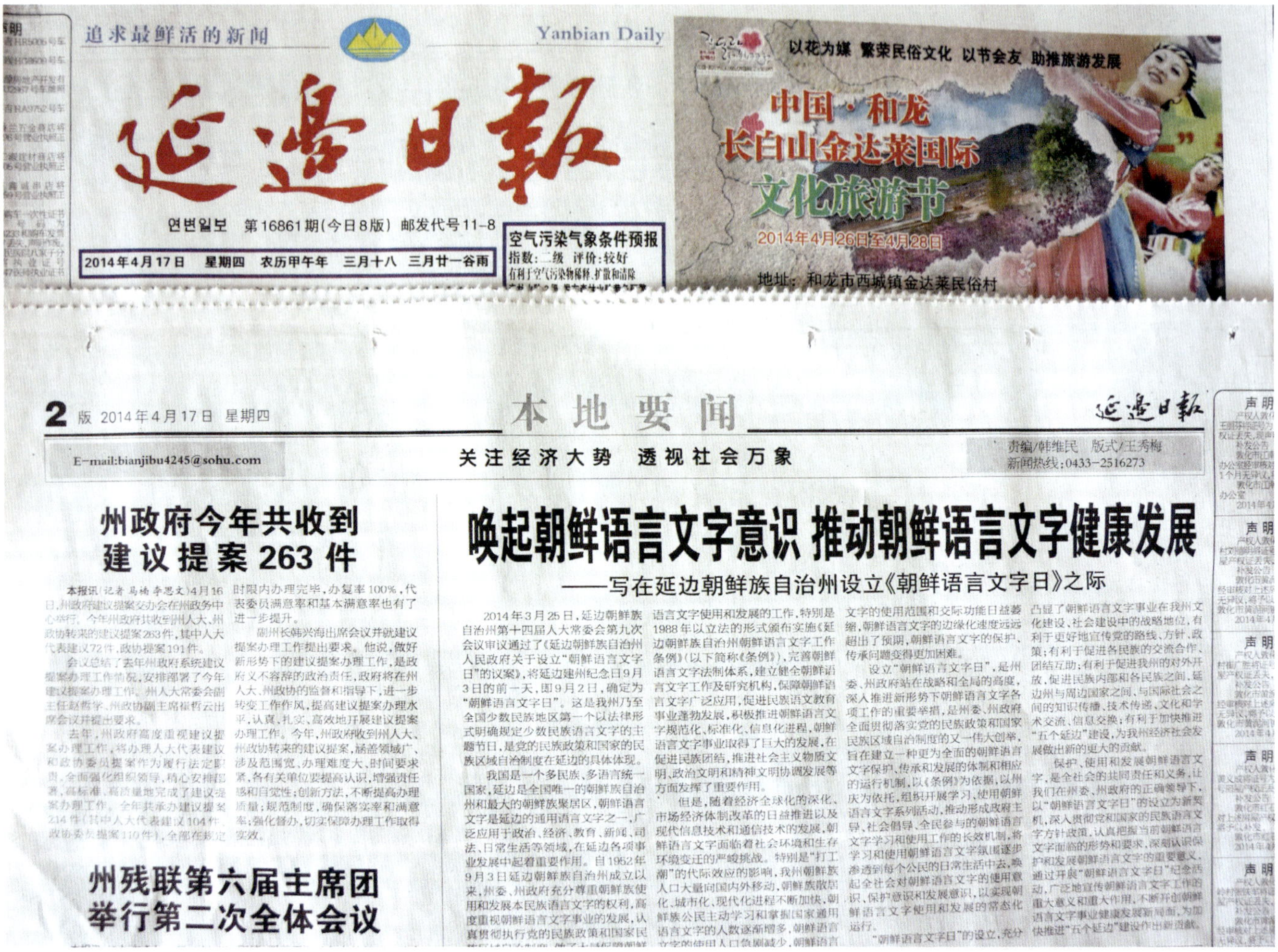

2014年3月25日,延边州人民政府将每年9月2日确定为"朝鲜语言文字日"。图为延边日报的相关报道

（四）欢欣鼓舞　凝聚力量

民族区域自治制度是中国共产党在创造性地解决民族问题的过程中所形成的一项基本政治制度，延边朝鲜族自治州的成立是延边人民政治生活的一件大事，是欢欣鼓舞的盛事。每年的9月3日是自治州成立的纪念日。

一次次庆典，汇聚起奋进前行的力量，振奋了精神、增强了活力，不仅是对全州各级党委、政府以及广大干部工作成绩的一次大检阅，更是对全州各族干部群众信心、斗志和力量的一次大凝聚。通过自治州成立周年庆典，更加坚定了各族干部群众跟党走的信心和决心，进一步凝聚了建设延边的强大合力，唱响了共同团结奋斗、共同繁荣发展的主旋律，展示了延边加快发展的巨大潜力和美好前景。

1. 自治州成立十周年庆典

1962年，是让延边各族人民难以忘怀的一年，延边朝鲜族自治州迎来成立十周年。9月2日，全州各族各界代表2000余人在延吉市举行大会，隆重庆祝延边朝鲜族自治州成立十周年。中共延边朝鲜族自治州委员会第一书记、州长朱德海在热烈的掌声中发表讲话。

9月3日，热烈庆祝延边朝鲜族自治州成立十周年大会在延吉市举行。当天凌晨，延吉市各族各界5万余人潮水般地涌向人民公园体育场的庆祝大会会场。整个会场顿时变成人的海洋、花的海洋，充满着民族大团结的欢乐气氛。在庆祝大会的主席台上国旗飘扬，高悬毛泽东主席的肖像。横幅用朝、汉两种文字写着："延边朝鲜族自治州成立十周年庆祝大会"。

前来祝贺的有中央民族事务委员会副主任萨空了，中共中央东北局书记处候补书记强晓初。以中共吉林省委书记处书记、省长栗又文为首的吉林省代表团，以辽宁省副省长车向忱为首的辽宁省代表团，以黑龙江省副省长李延禄为首的黑龙江省代表团出席了大会。参加大会的还有中共延边朝鲜族自治州委员会第一书记、州长朱德海，第二书记姚昕，书记处书记田仁永、金明汉、冯志诚、金文宝，副州长南明学、李浩源、乔树贵、吕英俊、曹龙浩和各部门的负责人以及各族各界代表。

上午9时，乐队奏起国歌。延吉市副市长金东波宣布庆祝大会开始。中共延

自治州成立十周年庆祝大会群众联欢场面

自治州成立十周年庆祝大会会场

吉市委副书记、市长金铜山发表讲话。在激昂的乐曲声中，1.8万余名各族各界群众和民兵、体育、文艺、学生队伍接受首长检阅。上午11点，大会在"社会主义好"的奏乐声中胜利闭幕。

2. 自治州成立二十周年庆典

1972年9月2日，纪念延边朝鲜族自治州成立20周年报告会在延吉市举行，报告会的会场设在市工人文化宫。州党政负责人和驻军部队负责人以及各县市负责人出席了报告会。会议回顾了自治州成立20年来延边州在工农业生产和社会主义建设事业上取得的成就，制定了新的奋斗目标。

3. 自治州成立三十周年庆典

1982年9月2日，和着中国共产党第十二次全国代表大会胜利召开的东风，延边朝鲜族自治州成立三十周年庆祝大会在延吉市隆重举行。新落成的延边艺术剧场内灯火通明，大会主席台上方的横幅上用朝、汉两种文字写着："延边朝鲜族自治州成立三十周年庆祝大会"。会场上悬挂着用朝鲜、汉文书写的标语：热烈庆祝中国共产党第十二次全国代表大会胜利召开！

上午7时50分，中共延边州委书记、州长曹龙浩宣布大会开始。在大会主席台就座的有：全国人大民委、国家民委代表团团长文正一，吉林省党政军代表团团长于克，副团长赵天野、罗越嘉、车敏樵、刘坚彬。州党政领导、驻军部队和延边军分区首长也在主席台上就座。

中共延边州委第一书记赵南起在大会上作报告。他指出：我们实行民族区域自治已经整整30年了。这30年，是延边各族人民在党的领导下，团结战斗的30年，是沿着社会主义道路胜利前进的30年，是共同繁荣发展的30年。

当天，全国人大常委会、国务院发来贺电，全国人大民族委员会、国家民委发来贺电，中共吉林省委、吉林省政府发来贺电。来自全国各地的代表团和参观团向大会赠送了锦旗和礼品。

30年巨变让世人欣喜地看到：勤劳勇敢的延边各族人民为社会主义现代化建设，维护祖国的统一，保卫祖国的边疆，做出了重大的贡献。历史发展再次证明：延边各族人民在沿着社会主义道路前进中，已经结成相互依存、不可分离的亲密整体。

延边州及延吉市各族各界庆祝大会

延边大学师生组成的方队通过主席台

自治州成立四十周年庆祝大会现场

4. 自治州成立四十周年庆典

改革为延边山河添色，开放使延边大地生辉。1992年，伴随着自治州成立四十年的脚步，呈现在人们眼前的新延边已是政通人和、百业兴旺、民族团结、社会安定、人民安居乐业的喜人景象。

9月2日，延边艺术剧场内装饰一新，台上矗立着10面鲜红的红旗，中间悬挂着国徽，"1952—1992"几个大字金光闪闪，庆祝延边朝鲜族自治州成立40周年报告会在这里隆重举行。中共延边州委副书记、州长全哲洙主持大会。中共吉林省委副书记、州委书记张德江做了题为《为建设全国模范的自治州而奋斗》的讲话。

9月3日清晨，延吉市5万余名身着节日盛装的各族群众和手拿花束、彩旗的少年儿童从四面八方汇集到市人民体育场，隆重庆祝自治州成立四十周年。体育场四周彩旗招展，"加强民族团结，促进各民族共同繁荣""欢乐友谊祥和"等印有朝鲜、汉两种文字的巨幅标语在14个硕大的气球悬吊下迎风飘扬。出席庆祝大会的领导和来宾有：全国政协副主席洪学智，国家民委代表团团长、国家民委副主任李德洙，沈阳军区政委宋克达中将，武警总部副司令左印生少将等。省、州领导以及各党政代表团的领导、中外嘉宾也参加了庆祝大会。

上午8时，延边州及延吉市各族各界人民庆祝延边朝鲜族自治州成立40周年大会开始。大会由延吉市市长朴东奎主持，州长全哲洙在大会上讲话。随后国家民委代表团团长、国家民委副主任李德洙讲话。8时45分，在"五星红旗迎风飘扬"的乐曲声中，大会检阅开始。检阅结束后进行了大型团体操和集体舞表演。大型集体舞《腾飞吧，延边》使庆祝大会的气氛空前热烈。

当天，敦化、龙井、图们、珲春、安图、汪清、和龙等县市也分别召开自治州成立四十周年庆祝大会。

5. 自治州成立五十周年庆典

艰苦奋斗五十载，春华秋实半世纪。2002年，伴着新世纪的脚步如期而至，9月2日晚8时10分，庆祝延边朝鲜族自治州成立五十周年彩车巡游表演焰火晚会隆重举行。

9月3日，庆祝延边朝鲜族自治州成立五十周年大会、延边中国朝鲜族民俗文化旅游节开幕式在延吉市人民体育场隆重举行。国务委员司马义·艾买提，全国政协副主席赵南起，中纪委常务副书记曹庆泽，中共吉林省委书记王云坤，省长洪虎，国务院副秘书长徐绍史，省政协主席张岳琦，国家民委副主任牟本理，外经贸部副部长龙永图，国家计委副主任姜伟新，省州领导和国内外应邀来宾出席了庆祝大会。

上午9时大会开始。司马义·艾买提宣读全国人大常委会、国务院的贺电。州长南相福在大会上讲话。牟本理代表国务院部委祝贺团作了讲话。王云坤在会上发表讲话。上午11时，曼妙的歌声和飞舞的彩旗拉开了《欢腾的长白山》中央电视台"心连心"艺术团赴延慰问演出的大幕，"心连心"为人民演出，为人民送温暖，与人民心连心。庆祝大会结束后表演了大型团体舞《繁荣的延边》，参加表演的总人数达1.3万余人。自治州成立五十周年庆祝活动期间，珲春、图们、敦化、龙井、和龙、安图、汪清等县市举行了各种声势浩大的庆祝活动。

庆祝自治州成立五十周年文艺表演：大型团体操《繁荣的延边》

庆祝自治州成立五十周年报告大会暨第十二次民族团结进步表彰大会会场

自治州成立六十周年庆典大型广场艺术表演《延边赞歌》

6. 自治州成立六十周年庆典

2012年9月3日，节日的吉林省延边朝鲜族自治州到处洋溢着喜庆祥和的气氛。四五点钟，延吉市的大街小巷，身着节日盛装的群众就开始忙碌起来。当天上午，延边州各族各界干部群众5万多人在新建成的体育场隆重集会，热烈庆祝延边州成立六十周年。全国政协副主席陈奎元及国家有关部门负责人应邀参加了庆祝大会。

全国人大常委会、国务院发来贺电。中央有关部门祝贺团团长、国家民委副主任陈改户在致辞中说，延边朝鲜族自治州60年的光辉历程，是我们党的民族政策巨大优越性的集中体现，是我国民族区域自治制度成功实践的光辉典范，是各族人民和睦相处、和衷共济、和谐发展的典型缩影。

庆祝大会开始后，首先进行升国旗仪式。随后由2万多名演职人员参与演出的大型广场舞《延边赞歌》将整个庆祝活动推向高潮。看台上7500多名小学生进行的翻板表演精彩纷呈，不断变化出各种祝福话语。场地中的文艺表演，不仅展示了朝鲜族的长鼓舞、象帽舞等传统舞蹈，还史诗般地再现了延边地区朝鲜族群众在祖国大家庭中进步发展的历程。一曲曲优美的歌声、一组组动人的舞蹈、一张张绽放的笑脸，把延吉市人民体育场变成了欢乐的海洋。

建设成就篇

1952年9月3日，延边朝鲜族自治州成立后，在党的民族政策指引下，全州各族人民在州委、州政府的正确领导下，积极探索和实践民族区域自治制度在各项事业发展中的运用，延边州发生了前所未有的巨大变化。改革开放以来，特别是党的十八大以来，在习近平中国特色社会主义思想指引下，延边各族干部群众深入实施西部大开发、振兴东北老工业基地、图们江区域合作开发等重大战略，充分挖掘自身优势和发展潜力，全力推进发展，经济实力明显增强，人民生活显著改善，社会事业繁荣发展，走出了一条符合延边实际的强州富民之路。

2001—2019年，延边州经济总量从140亿元增长到723亿元，城市居民可支配收入从6000多元增长到28000多元，农民人均纯收入从1800多元增长到12000多元。此外，延边州社会固定资产投资、消费品零售总额、人均居民储蓄存款余额等多项主要经济指标连续多年在全国少数民族自治州中稳居首位。

奋力决战脱贫攻坚，2020年4月实现了所有贫困县全部脱贫摘帽。

一、经济建设

2020年是我国全面建成小康社会、全面脱贫的成果之年。进入社会发展新时期后，我国的社会主要矛盾也发生了变化，这种变化充分说明我国对以人为本、消除发展不平衡的重视。

延边州2019年年末户籍总人口数为207.2万人，朝鲜族人口为74.2万人，占总人口的35.8%左右。地区生产总值为723.37亿元，比上一年增长2.2%，第一、第二、第三产业均有增长。延边州辖8个县市中的5个贫困县全部脱贫摘帽说明国家始终把地处边疆、落后贫困的民族地区的经济发展放在首位，为民族地区制定的优惠政策更是及时有效。

吉林省人民政府关于靖宇县等9个贫困县脱贫退出的公告

（一）脱贫攻坚

延边州是吉林省脱贫攻坚两大主战场之一，属典型的"老少边穷"地区。党的十八大以来，延边州按照党中央和中共吉林省委的决策部署，认真学习贯彻落实习近平总书记视察延边时的指示精神，把脱贫攻坚作为最大政治任务和第一民生工程，守初心担使命，攻堡垒破难题，交上一份合格的脱贫答卷。2020年4月11日，吉林省政府发布关于靖宇县等9个贫困县脱贫退出的公告，延边州安图县、汪清县名列其中。至此，延边州4个国家级贫困县、1个省级贫困县全部脱贫摘帽，304个贫困村全部出列。

1. 夯实责任　握指成拳

脱贫攻坚事关贫困群众福祉，考验党员干部的精神状态、干事能力、工作作风。延边州严格落实"四个不摘"要求，落实州、县、乡、村、驻村工作队和第一书记"四级五方"责任。探索推行驻村干部党委模式，加强对第一书记和驻村干部的管理。实施一线工作法，落实驻村帮扶"五天四夜"制度。严格落实四级书记抓扶贫责任制，做到贫困对象遍访全覆盖。深入开展漠视群众利益作风问题专项治理，开展基层减负年及扶贫扶志行动，确保脱贫攻坚方向不偏、进度不慢、力度不减。

抓党建促脱贫

延边州商务局与包保村村民

龙井市粮食局与兴隆村村民一同开展以"从严治党聚能量 精准扶贫奔小康"为主题的辞旧迎新活动

珲春市始终坚持"抓好党建聚合力,夯实基础强保障,实处发力促脱贫"的原则,建立了"包保部门+包保村"党支部联建机制,推动农村基层党建工作"群众化"改革取得阶段性成果。图为珲春市委组织部、密江村"支部联建"开展主题党日活动

驻村扶贫

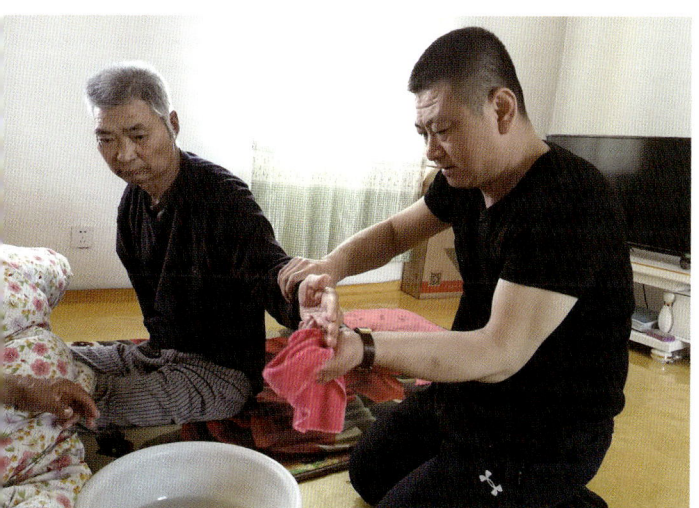

图们市民政局帮扶责任人到贫困户家中开展帮扶活动

安图县财政局驻村工作队帮助台前村打扫卫生

2018年4月,吉林省宁波市交流合作暨推进延边州宁波市扶贫协作座谈会在宁波市召开。图为会议期间吉林省党政代表团考察当地高新企业

2019年宁波帮扶资金援建的和龙市八家子镇桑黄种植基地

东西协作

2019年10月延边东西部扶贫协作项目国泰新能源汽车整车组装现场

2019年7月5日,全州东西部扶贫协作工作会议召开

2. 借助"外力"促脱贫

2016年10月,中央69号文件决定宁波市与延边州开展结对帮扶协作。2017年3月,在与延边州整体对口帮扶协作的基础上,宁波市10个区县(市)与延边州8个市县建立对口结对关系。同年7月,余姚市宣布与延边州首府延吉市对口共建吉林(延边)浙江产业示范园。

延边州与宁波合作,共筑南北呼应的"一带一路"新格局。延边和宁波结对以来,延边州在宁波设立75个农特产品销售点,实现销售收入1.78亿元。两地劳务协作实现贫困人口域内外就业3000多人,宁波各界捐款捐物1亿多元。22家浙企落户延边,到位资金19.18亿元。

3. 补齐短板 精准发力

延边州是一个比较典型的经济发展不平衡、不协调的少数民族自治州。延边州面对脱贫攻坚重点难点，集中优势向突出问题和薄弱环节精准发力，确保扶贫脱贫精准、扎实。

教育保障方面，严守控辍保学底线，全力构建贫困家庭教育资助政策体系，贫困家庭子女义务教育阶段适龄儿童无一例因贫失学辍学。"雨露计划"补助全部发放到位。健康保障方面，全面落实"先诊疗、后付费""一站式"结算、签约服务、分类救治政策，基本医保、大病保险和医疗救助"三项制度"全覆盖，贫困人口门诊慢性病和住院患者实际报销比例分别达 80%、90%。住房及安全饮水保障方面，对存量危房户、无房户及彩钢房户开展排查鉴定，对存在住房安全隐患的建档立卡贫困户全部纳入年度改造计划，并实现全部竣工验收入住。深入开展安全饮水巩固提升行动，解决全部贫困人口饮水安全问题，全州贫困人口饮水安全达标率 100%。针对深度贫困县及村屯，靶向发力，加大对汪清的政策、项目、资金、帮扶援建支持力度，加大对 43 个深度贫困村的重点倾斜，全力攻克深度贫困堡垒。针对贫困地区短板弱项，精准实施产业提质、就业提效、生态示范、基础提升等专项攻坚行动。

电商扶贫

金达莱丝路电商公共服务中心

东光电商绿色水稻种植基地的水稻喜获丰收

汪清县东光镇于2016年6月成立东光镇电商服务中心

光伏扶贫

光伏扶贫是国务院2015年确定实施的"十大精准扶贫工程"之一,主要是在住房屋顶和农业大棚上铺设太阳能电池板,"自发自用、多余上网"。延边州自2015年开始建设扶贫光伏发电项目,取得显著成效。图为光伏一期项目(安图明月镇场地)

光伏二期项目(安图松江镇场地)

行业扶贫

农村危房改造——珲春三家子乡三家子村王宗云家翻建前后对比

图们市村级卫生室

健康扶贫

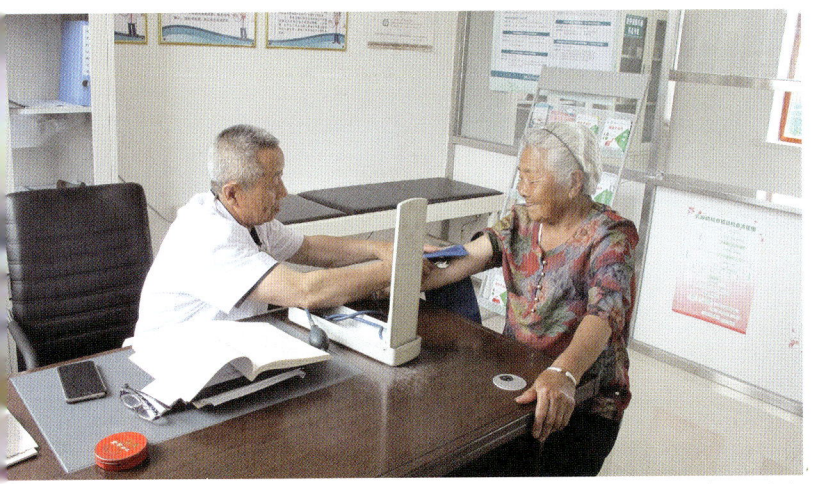

农户就医后顾无忧。图为图们市村医为农户看病

安图县"健康扶贫,医药下乡"活动

就业扶贫

汪清县鸡冠乡就业扶贫培训

图们市组织农村贫困劳动力进行电焊、中式面点、烹饪等职业技能培训

旅游扶贫

汪清县满天星花海位于百草沟镇棉田村,种植有赤芍、玫瑰、金达莱等多种中药材花卉。带动贫困户20余人就业,每人日均收入120元,是乡村旅游与扶贫相结合的典范

群山环绕中的安图县

图们市依托地域优势和民俗特色,大力发展民俗旅游项目。图为图们市民俗旅游观光体验区

易地搬迁扶贫

安图县明月镇易地搬迁扶贫新房

和龙市八家子镇易地搬迁扶贫前后对比

和龙牛心村易地搬迁前后对比

社会兜底扶贫

敦化市建档立卡贫困人员养老金发放仪式

图们市贫困户喜得"一张网"兜底扶贫保障机制首批养老保险工资卡

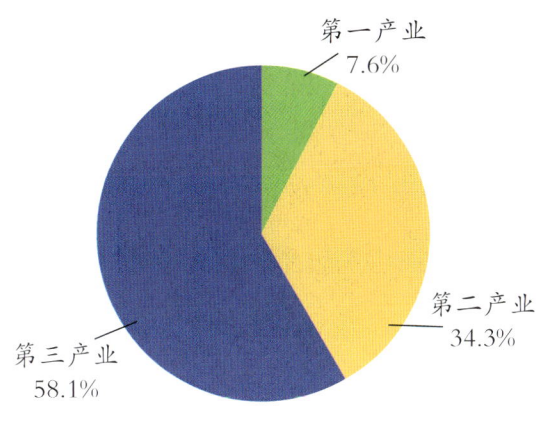 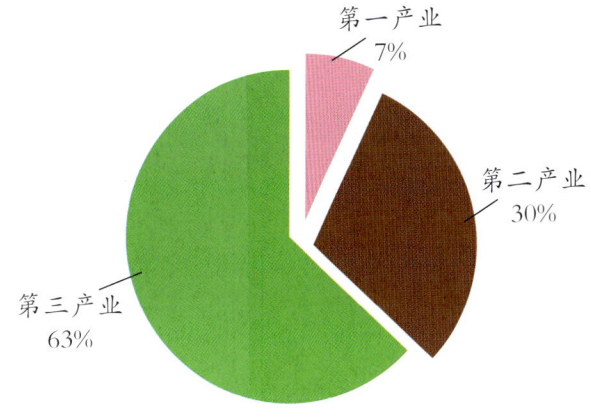

延边州2019年三次产业增加值占地区生产总值比重　　延边州2019年三次产业投资占固定资产投资比重

(二) 经济发展

延边朝鲜族自治州农业经济稳步增长，工业经济提速增效，服务业发展势头强劲，综合实力不断增强。特别是党的十八大以来，延边州以习近平新时代中国特色社会主义思想为指导，坚持稳中求进的工作总基调，牢固树立新发展理念，更加注重高质量发展，着力深化改革开放，坚决打好三大攻坚战，统筹推进稳增长、促改革、调结构、惠民生、防风险、保稳定，扎实做好"六稳"工作，经济运行总体平稳，民生福祉持续增进，各项社会事业繁荣发展，在全面建成小康社会进程中取得新进展。截至2019年，全年全州地区生产总值723.37亿元，比上年增长2.2%。其中，第一产业增加值54.81亿元，增长2.9%；第二产业增加值248.36亿元，增长6.8%；第三产业增加值420.20亿元，下降0.8%。第一产业增加值占地区生产总值比重为7.6%，第二产业增加值比重为34.3%，第三产业增加值比重为58.1%。人均地区生产总值34789元，比上年增长2.9%。

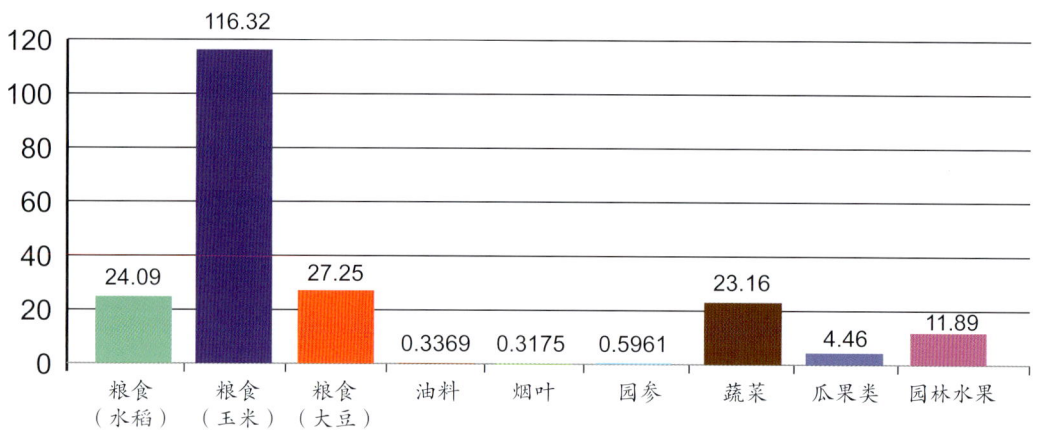

2019年延边州主要农作物产品产量（单位：万吨）

1. 农业经济

中华人民共和国成立后，延边农业生产条件发生了显著的变化，产业化、科技化、机械化、有机化的程度有很大的提高，有力地促进了农业生产的发展。特别是党的十一届三中全会以后，农业实行生产责任制以及后来农村实行的土地承包期再延长30年不变，农村税费改革、农村经济管理系统等政策的实施，极大地调动了农民的生产积极性，延边的农业形势越来越好。农村经济稳步增长，2019年全州粮食作物种植面积达3591平方千米，粮食产量168.54万吨，农业总产值达到54.81亿元，农村居民人均可支配收入达到12520元。特别是国家取消农业税收、落实惠农补贴以来，全州农业总产值、农民收入、农民幸福感大幅提升。

延边特色农牧业产业蓬勃发展。延边黄牛产业拥有"犇福"牌国家驰名商标、"长白弘"牌吉林省著名商标，先后被农业部确定为国家肉牛核心育种场。延边种蜂繁育场获得吉林省级种畜禽生产经营许可资质，长白山中蜂蜂蜜产量占全省71%以上。全州部级和省级示范场119个，命名各类畜禽规模养殖场（小区）1058个，生产能力10万头以上规模的加工企业达4家，建立生态示范牧（草）场8平方千米。建成汪清县黑木耳中国特色农产品优势区，出台《延边州食用菌种植成本保险实施方案》，积极争取国家扶贫政策，参保范围由试点的敦化、汪清、安图3个县（市）扩大到全州8个县（市）。

产业基地

人参产业基地

黑木耳产业基地

黄牛产业基地

梅花鹿产业基地

大米产业基地

蜂业基地

灵芝生产基地

苹果梨产业基地

五味子产业基地

蔬菜产业基地

农业"六化"

农业标准化——大米标准化生产

农业科技化——吉烟九号

农业产业化——延边畜牧总公司

农业机械化——水稻收割机

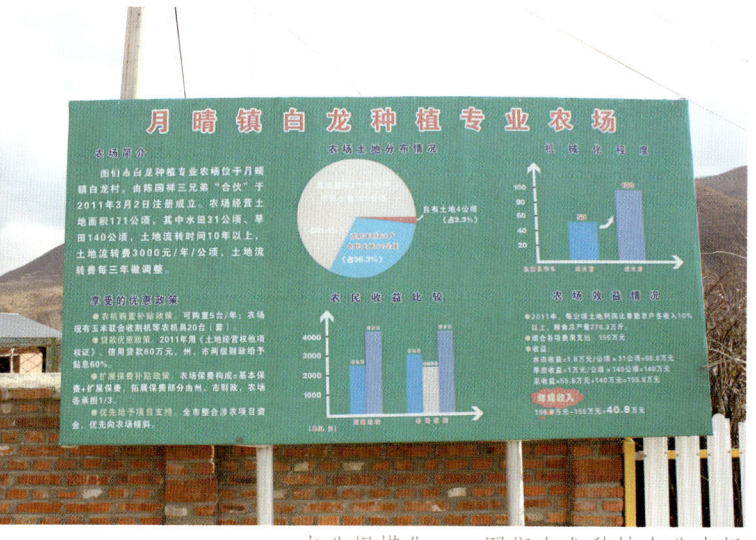
农业规模化——图们白龙种植专业农场

农业有机化——高光效有机大米

农家乐

安图县红旗朝鲜族民俗村被誉为"中国朝鲜族第一村"

百年部落的村民和游客联欢

2009年6月6日,安图县红旗村举行建县百年暨第四届"中国朝鲜族第一村"民俗文化旅游节

旅游业的发展带动了周边其他行业的发展。图为延吉万源农副产品批发市场效果图

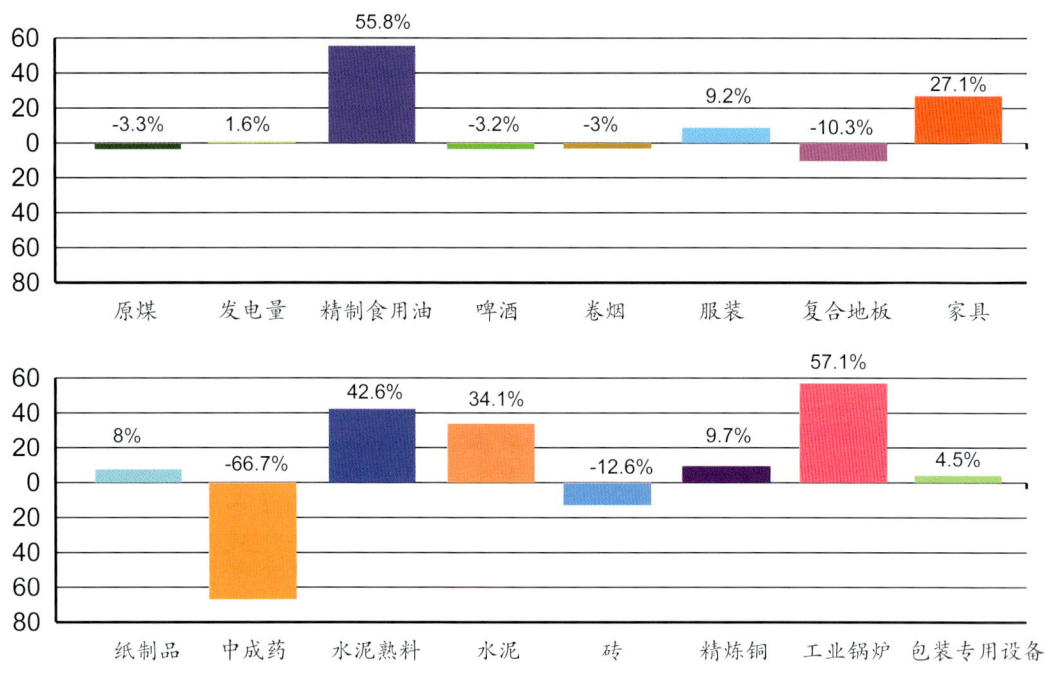

延边州2019年主要工业产品产量增长速度

2. 工业经济

区域经济社会发展，离不开工业经济支撑；工业经济发展，离不开重大项目建设。从1974年延吉卷烟厂第一包香烟出厂，到1981年"安神补脑液"在敦化诞生；从2006年大唐珲春电厂2台33万千瓦机组并网发电，到2008年延边天池工贸第一吨球团出炉；从2011年以石头纸为基材的环保墙纸在汪清面世，到2014年凯迪生物质发电厂投产发电……延边州大力实施"项目带动"发展战略，围绕林产、能源矿产、医药、旅游等八大百亿级产业，积极引进战略投资者、优质名牌企业不断调整产业结构，优化产业布局，全力构筑具有延边特色的工业发展体系。延边工业总产值从1949年前的6913万元到2019年的248.36亿元，连上新台阶、连创新纪录。

近年来，延边州坚持把工业经济作为稳增长的主战场，大力实施中小企业成长工程和"工业转型升级行动计划"，不断壮大实体经济规模。截至2019年底，

中华人民共和国成立初期的延边工业

开山屯造纸厂

石岘造纸厂

延边橡胶厂工人正在生产朝鲜族胶鞋

凉水镇的延边陶瓷厂

全州规模以上工业企业发展到303户，烟草、医药、食品等主导产业进一步做大做强，矿泉水、人参、生态食品和现代医药等绿色健康产业向规模化、高端化方向发展。为全面激发市场活力，延边州出台一系列更优惠更具吸引力的招商引资政策，突出抓好精准招商、以商招商、集群招商和产业链招商，累计招商引资入统项目557个，到位资金1494.4亿元，年均增长9.03%，形成了敦化医药产业集群、安图红丰矿泉水小镇等一批特色集聚产业发展区。

食品烟草工业

2011年9月19日,百威英博(延吉)年产30万吨啤酒项目开工

珲春华瑞参业产品在深圳生物科技会展参展

吉林丰正大豆食品有限公司生产车间

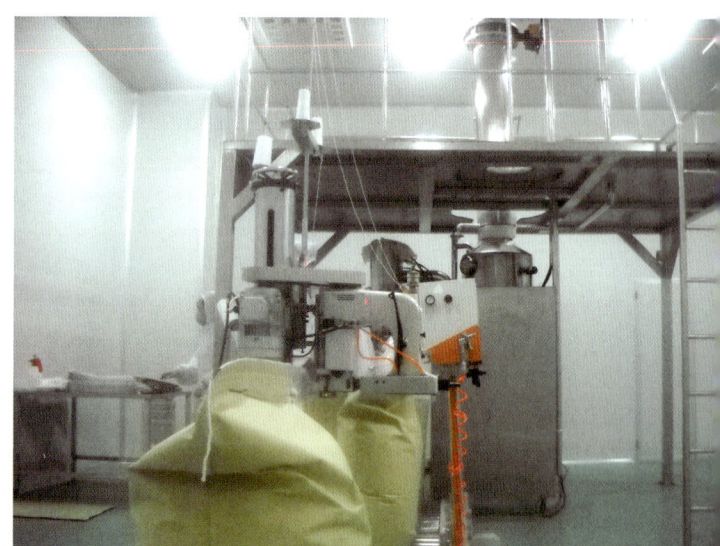
敦化美丽健乳品有限公司无菌包装线一角

延吉卷烟厂制丝车间

能源矿产业

煤层气地表抽采现场

大唐珲春发电厂区全貌

珲春紫金矿业有限公司选矿厂球磨车间作业现场

珲春板石一矿综采工作面

林产工业

佰山东北（延边）木业有限公司是延边州最大的木制品生产、加工、出口基地。图为公司车间

木制品加工生产车间

吉林新元木业有限公司生产线

医药工业

吉林敖东集团延边药业厂区鸟瞰图及敖东国家级技术中心

吉林华康药业生产厂区

吉林敖东集团延边药业口服液车间自动包装生产线

纺织工业

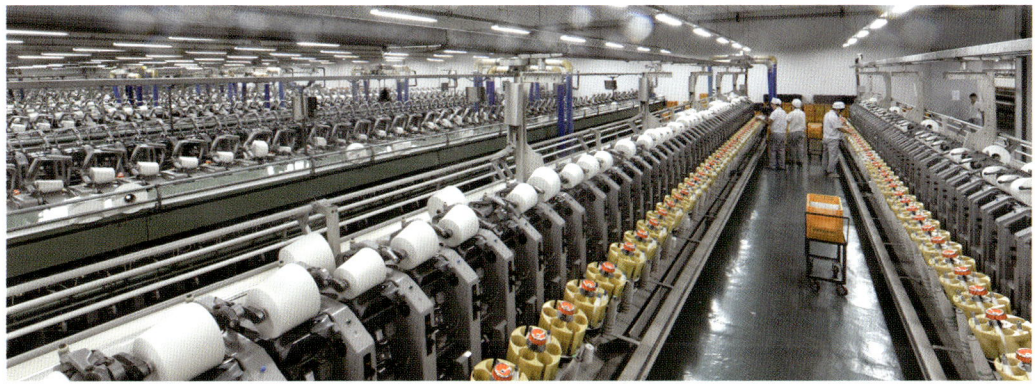
大京延吉纺织有限公司车间

吉林特来纺织车间先进设备

延边州 2015—2019 年社会消费品零售总额增长速度（%）

3. 服务业

延边州的服务业发展势头强劲。州政府高度重视服务业的发展，设立专项资金鼓励商贸流通、现代物流、旅游、金融服务、信息服务、电子商务、房地产、科技服务、文化体育和健康服务业，促进服务业企业加快发展，推动服务业发展提速、比重提高、水平提升。

全面提升现代服务业发展质量和活力，扶持大众创业、激励万众创新，多措并举推进民营经济发展。截至 2019 年底，全州民营经济市场主体突破 4.49 万户，较 2015 年增长 45.25%，民营经济主营业务收入实现 1983.4 亿元，新三板挂牌企业达到 9 家。

民贸民品企业不断发展壮大。延边作为全国唯一的朝鲜族自治州，一直是朝鲜族用品生产的主要基地和重要集散地，担负着为东北三省乃至全国各地朝鲜族提供生产生活用品的重要任务。截至 2019 年，有民族贸易县 4 个（和龙市、龙井市、安图县、汪清县），比照执行民贸政策的边境县 2 个（珲春市、图们市），民族贸易企业 68 家，民族特需用品定点生产企业 23 家。2016—2019 年，全州民族特需商品定点生产企业总产值 31.22 亿元，民族贸易企业零售总额 1328 亿元，民

商贸市场

延吉百货大楼

延吉西市场

延吉宏炜汽贸城

贸民品企业上缴中央、地方的各种税额7.05亿元，享受优惠利率流动资金贷款贴息金额2.3亿元，开展公益事业投入资金2166.33万元。民贸民品企业从业人员14551人，其中少数民族员工数量3777人。全州民族企业生产的产品有上千种，其中少数民族特需商品有400多种，有民族服饰、针纺织品、工艺美术品、民族药、家具和日用杂品、生产工具、民族文体用品、民族文字印刷及软件，还有民族食品等具有民族特色的科、教、文、卫、体产品，几乎涉及少数民族群众生产生活的各个方面。

延吉千盛购物广场

新时代购物广场

现代服务业

珲春国家级边境经济合作区IT产业基地全景图

2010年,图们市、延吉市被列为全国流通领域现代物流示范城市。图为延吉百货大楼物流配送中心

延吉市物流中心

民族餐饮企业

延吉市金达莱冷面总店门面

荞麦冷面

延吉市全州拌饭馆外景

（三）基础设施情况

中华人民共和国成立后，特别是改革开放以来，大量基础设施建设持续推进，项目建设高潮迭起。交通、运输、市政、邮电等基础设施逐步完善，形成了铁路、公路、航空、海运相互衔接、沟通内外的立体交通网络。吉珲（吉林—珲春）铁路客运专线、长图（长春—图们）铁路、东北东部铁路通道、长珲及汪延（汪清—延吉）高速公路等重要交通干线横贯东西，连通南北。海运方面，开通了珲春—俄罗斯扎鲁比诺—韩国束草国际陆海联运航线、珲春经朝鲜罗津港至我国上海（宁波）的内贸货物跨境运输航线。航空方面，开通了至北京、上海、广州、深圳和韩国首尔、朝鲜平壤、俄罗斯符拉迪沃斯托克等多条国内国际航线。2015年9月20日，长珲城际铁路全线开通，延边正式迈入"高铁时代"；2020年11月30日，龙井至大蒲柴河高速公路建成通车，它的建成通车，使延边州交旅融合发展迎来大提速，对构建延边地区南北纵横、东西贯通、布局合理、衔接顺畅、高效一体的立体交通网络，畅通区域对外通道和省际通道，带动沿线地方经济和旅游产业发展，建设长吉图开发开放先导区和实现东北振兴具有重要作用。

1. 铁路运输

穿梭的人流

延吉火车站全景

东北东部铁路

2. 高铁建设

2010年10月30日，吉林至珲春高铁奠基仪式

建设中的高速铁路

2015年，吉林至珲春高铁正式开通运营，被誉为"东北最美高铁"

延吉西站位于吉林省延吉市朝阳川镇经济技术开发区，是长珲城际铁路延边州境内最大的高铁站

3. 高速公路

2010年9月7日，长珲高速公路图们至珲春段贯通仪式

图珲高速密江路段

2020年11月30日，龙蒲（龙井—大蒲柴河）高速公路建成通车，它是长吉图开发开放先导区的又一区域大通道。图为延吉—大蒲柴河高速公路延吉（八道）至龙井段

行遍延边

龙蒲高速是延吉至长春高速公路（G12S）的组成部分。图为建设中的龙蒲高速

延吉朝阳川机场老候机大厅一角

扩建后的延吉朝阳川国际机场候机大厅

延吉朝阳川国际机场全景

4. 延吉朝阳川国际机场

延吉朝阳川机场建于1952年。1985年经国务院、中央军委批准改建为军民合用机场。1985年8月29日开通民航线路，1993年12月完成飞行区扩建工程，1997年4月完成新建航站楼工程。2017年6月9日，经中国民用航空局批复，更名为延吉朝阳川国际机场。2019年，延吉朝阳川国际机场旅客吞吐量166.26万人次，同比增长9.9%，全国排名第81位；货邮吞吐量0.57万吨，同比增长5.1%，全国排名第78位，运输起降1.39万架次，同比增长10.7%。

兴边富民行动的持续实施有效地促进了延边州各行各业的发展。图为收割绿色水稻

（四）兴边富民

兴边富民行动是1999年中央民族工作会议关于大力推进兴边富民行动、加快边境地区发展的部署，由国家民委联合财政部等部门倡议发起并于2000年实施的一项边境建设工程。目前实施范围覆盖我国140个陆地边境县（旗、市、市辖区）和新疆生产建设兵团58个边境团场。国家民委、财政部于2000年本着"试点先行、总结经验、逐步推进"的原则在9个边疆省、自治区确定了9个全国兴边富民行动试点县（旗、市、市辖区）。延边是最早组织实施兴边富民行动的边境地区之一。珲春市被国家民委确定为首批兴边富民行动试点县（市）。2004年，图们、和龙、龙井、安图等4个县（市）被确定为全国兴边富民行动重点县（市）。2007年，珲春市也被确定为重点县（市）。延边州的5个边境县（市）全部成为兴边富民行动重点县（市）。

泥草房改造工程奠基

亚洲最大的延边万亩苹果梨园

自实施兴边富民行动以来，延边州共争取资金 10.19 亿元，实施了农村基础设施建设、泥草房改造、人畜饮水工程和各类产业发展等一系列项目 966 个，有力地改善了各族群众生产生活条件，促进了边境地区的繁荣与稳定。

兴边富民行动的实施，对延边州边境地区经济社会发展产生了巨大的促进作用，得到了边境群众的广泛支持和拥护，已成为影响力最为深远的边疆治理政策。目前，延边州边境地区基本实现基础设施更加完善、边民生活水平逐渐提高、社会事业稳步发展、特色优势产业较快发展、沿边开发开放水平进一步提高和民族团结、边防巩固、睦邻友好的目标。

2011年9月3日，第三届中国多元化采购峰会暨少数民族和民族地区企业发展展示会在延吉举办

朝鲜族特需商品

安图县二道白河镇矿泉水产业园区

图们口岸

和龙市头道镇明太鱼加工基地

2018年安图县石门镇茶条村黄酱厂

朝鲜族服装生产在民贸民品优惠政策照顾下得到发展

大唐珲春发电厂为珲春经济发展提供有力支撑

（五）沿边开发开放及对外贸易

延边地处中俄朝三国交界，东与俄罗斯滨海边疆区接壤，南隔图们江与朝鲜咸镜北道、两江道相望，边境线总长768.5千米。州内有11个对俄对朝口岸和1个国际空港，年过货能力610万吨，过客能力290万人次。实施开放先导战略，贯彻国务院《中国图们江区域国际合作开发规划纲要》，开发开放取得重大进展。延边作为我国面向东北亚开放的枢纽地位正日益形成，在"一带一路"倡议中的作用更加凸显。

1. 合作开发

珲春日本工业园区奠基

2007年11月9日，中日蒙东部区域合作开发国际研讨会在珲春举行

2007年5月9日,加快推进图们江地区国际合作开发专家座谈会在长春举行

2011年6月9日,中朝共同开发和共同管理罗先经贸区项目启动仪式在朝鲜罗津港举行

中国延边州与俄罗斯符拉迪沃斯托克市建立友好城市关系协议书签字仪式

2. 通道建设

陆路口岸

俄罗斯游客和商人源源不断地通过珲春口岸进入延边

游客从圈河口岸出境赴朝旅游

货车正通过和龙南坪口岸

游客在图们口岸参观

铁路口岸

中朝俄（地区间）铁路货物运输协议签字仪式

繁忙的珲春铁路口岸

货运列车经图们铁路口岸开往朝鲜

国际空港

延吉航空口岸等待起飞的国际航班

"借港出海"

珲春市具有得天独厚的地理条件,中、朝、俄三国陆路相连,中、朝、俄、韩、日五国水路相通。延边州积极推进国际合作,通过扎鲁比诺、罗津、釜山等邻国的优质大海港,实施"借港出海"战略。图为朝鲜罗津港码头

釜山航线开通

2013年3月20日,中国珲春—俄罗斯扎鲁比诺—韩国束草"新蓝海"航线正式开通。图为开通仪式现场

3. 开发区建设

延吉经济开发区全景

图们经济开发区全景

珲春边境经济合作区全景

敦化经济开发区全景

延边新兴工业集中区全景

敦化敖东食品玉米方便面流水线

延边边城酒业有限公司生产车间

珲春盛海海产品加工车间

图们方正商贸有限公司生产车间

延吉市插秧机厂生产车间

和龙新兴工业集中区全景

龙井新兴工业集中区全景

天池集团有限公司

安图新兴工业集中区全景

汪清新兴工业集中区全景

4. 招商引资

"光彩事业"是由中央统战部、全国工商联组织推动发起的一项"义利兼顾、以义为先"的公益捐助和投资促进活动。2012年3月9日,"中国光彩事业延边行"启动仪式在北京举行

2011年9月,中国吉林·东北亚投资贸易博览会延边州投资项目签约仪式在长春举行

2011年8月28日,中国延吉图们江地区国际投资贸易洽谈会开幕式现场

中国·吉林省延边州对俄经贸合作洽谈暨企业对接会现场

国内招商

敦化塔东矿业股份有限公司生产车间

汪清县龙腾能源开发有限公司动力分厂设备

和龙天池矿业球团厂链箅机回转窑装置

珲春紫金矿业选矿厂浮选车间

延边华都农业发展有限公司生产线

利用外资

延边农心矿泉饮料有限公司是年产150万吨天然火山矿泉水的大型外资企业。图为公司生产线

吉林韩正人参加工项目由韩国烟草人参公社投资建设，2012年在延边新兴工业集中区开工。图为蒸参车间

延边泛西方塑料有限公司由美国泛西方塑料有限公司投资。图为生产车间

吉林福敦木业有限公司是香港大福木业有限公司与敦化市业威木业有限公司成立的合资企业，是国内100家最大的木材加工企业之一。图为公司外景

对外贸易

珲春中俄互市贸易区

珲春对俄贸易与日俱增，边贸往来快速升温

延边东北亚贸易发展论坛

珲春东北亚贸易中心奠基

外派劳务

劳务人员接受培训

外出韩国的劳务人员在工作现场

外出沙特阿拉伯劳务人员在工作现场

二、政治建设

延边是中国共产党较早地开展革命活动、发动群众、建立根据地的地区。1945年8月19日，苏联红军和东北抗日联军延边分遣队进驻延吉，伪"间岛省"军政机关随之崩溃，延边地区获得解放。8月20日，建立"间岛临时政府"，为驻军进行联络和物资供应等工作。1945年10月，东北抗日联军延边分遣队成立中共延边委员会。11月中旬，撤销中共延边委员会，成立中共延边地方委员会。1946年，吉林省与辽北省合并，成立吉辽省委，下设吉林、吉东、通化、辽北4个分省委，并撤销延边地委。1948年吉林省委在延边地区设延边地委。

1952年8月，召开延边各族各界第一届人民代表会议。会议经政务院批准，成立延边朝鲜民族自治区人民政府，并设延吉市建制，直辖于自治区。1955年12月，改为延边朝鲜族自治州。1956年12月，将中共延边地委改为中共延边朝鲜族自治州委员会。长期以来，延边的党组织和政府机构在党中央、中共吉林省委的领导下带领全州人民建设祖国、发展经济，建立了不朽功勋。

近年来，延边州委领导全州各级机关党组织深入学习贯彻党的十八大、十九大精神，全面落实新时代党的建设总要求，从严从实推进党的各项建设，努力开创新时代机关党建工作新局面。重点加强三点：突出政治功能，坚定理想信念；夯实基础基层，筑牢战斗堡垒；发挥组织优势，服务中心工作。全州各政府部门认真落实省委、省政府和州委的各项工作部署，紧密团结全州各族人民，全力抓好稳增长、调结构、促改革、惠民生、保稳定、强作风等工作，促进全州经济社会持续健康发展。

延边朝鲜族自治州人民代表大会及其常务委员会是自治州的国家权力机关。1952年8月，延边各族各界代表会议筹备委员会成立并召开延边各族各界第一届人民代表会议，代行人民代表大会职权。会议通过了《吉林省延边朝鲜民族自治区各族各界人民代表会议组织条例》和《吉林省延边朝鲜民族自治区人民政府组织条例》。延边州人民代表大会设有法制、内务司法、财政经济、教育科学文化卫生、民族侨务外事、城乡建设与环境资源保护、农业与农村、人事代表选举等八个专门委员会。

1956年8月，中国人民政治协商会议延边朝鲜族自治州委员会第一次会议在延吉召开。会议通过《政协延边朝鲜族自治州委员会常务委员会工作简则（草案）》；选举产生第一届委员会主席、副主席、秘书长和常务委员。多年来，政协延边州委员会积极发挥作用，对国家大政方针和群众生活的重要问题进行政治协商，并通过建议和批评发挥参政议政、民主监督的作用。近年来，政协自治州委员会牢记责任使命，发挥优势作用，全力帮助贫困群众排忧解难，为打赢脱贫攻坚战做出了积极贡献。

（一）党的建设

延边州各级党组织坚持以习近平新时代中国特色社会主义思想和党的十九大精神为指导，全面贯彻落实新时代党的建设总要求和新时代党的组织路线，认真履行管党治党主体责任，以党的政治建设为统领，扎实推进党的建设，切实增强党组织的战斗力和凝聚力。

2019年是中华人民共和国成立70周年之年，也是决胜全面建成小康社会的关键一年。全州各级党组织站在提高党的执政能力、夯实党在边疆民族地区执政基础的政治高度，抓住关键点、找准突破口，切实把党的建设各项工作推向一个新的高度。经过努力，全州基层党建工作呈现出稳步发展、整体提升的良好态势，为延边各项事业的发展提供了坚强的组织保障。

1. 凝聚共识

延边州深刻领会习近平新时代中国特色社会主义思想和中共吉林省委的部署和要求，不断提高抓基层党建工作的政治站位和政治自觉，站在提高党的执政能力、夯实党在边疆民族地区执政基础的政治高度，抓住关键点、找准突破口，切实把党的建设各项工作推向一个新的高度。广泛发动党员干部全面提升基层党组织的组织力，突出政治功能，牢固树立"四个意识"，坚决做到"两个维护"。深入学习贯彻《支部工作条例》；坚持质量优先，落实《新时代吉林基层党组织建设质量标准体系》。

通过学习和提高，全州上上下下统一认识，凝聚共识，基层党组织建设质量提升工程收到实效，受到广大群众的欢迎。

中共延边州委理论学习中心组集体学习

长白山讲坛

市民大讲堂

2020年，新时代大讲堂开讲

学习宣传贯彻党的十八大精神座谈会

2019年9月，延边州直机关工委举办州直部门"不忘初心　牢记使命"主题教育党支部书记培训班

专题辅导

2018年6月28日,延边州直机关召开庆祝中国共产党成立97周年暨"五好党支部"创建活动表彰大会

党员重温入党誓词仪式

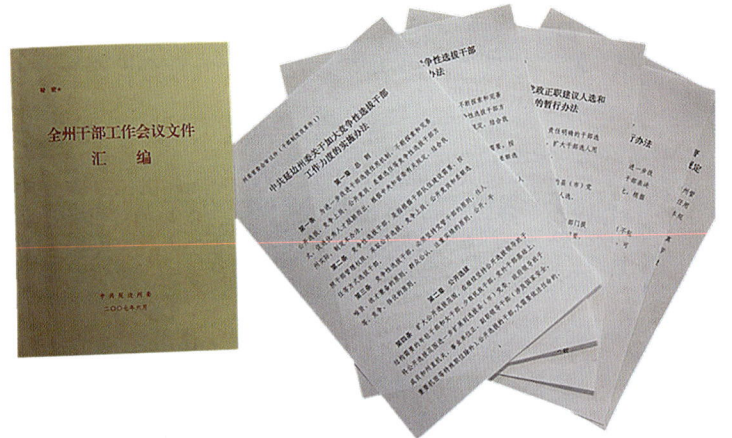
中共延边州委出台的干部制度改革相关文件

开通党组织服务民生热线电话揭牌仪式

自治州领导为"党爱公寓"揭牌

在国家电网各项检修试验现场，党员成为鲜明的旗帜

2. 增强活力

近年来，延边州加强和规范党内政治生活，坚持"三会一课"、民主生活会和党员领导干部双重组织生活等制度，州委主要领导带头以普通党员身份参加支部生活，不断增强党内政治生活的政治性、时代性、原则性、战斗性。以提升基层党组织组织力为重点，在州直机关组织开展"五好党支部"创建活动，召开经验交流观摩会教育引导广大党员在发现和解决问题中深化认识、提高素质、增强能力。补齐工作短板，加强实践创新，努力形成更多富有延边特色的党建新品牌，推动延边基层党建工作走在前列。始终坚持组织路线服务政治路线，坚持求真务实，注重服务大局，持续优化作风，切实发挥好基层党组织在推动改革发展和稳边固防中的战斗堡垒作用。

延边革命纪念馆接待培训

利用"延边州党员管理系统"一站式为党员办理组织关系接转

非公企业党员在生产岗位上宣誓

2010年"7.28"洪灾中党员干部乘皮筏子解救受灾群众

交流观摩会现场

延边州直机关"五好党支部"创建经验交流观摩会

党员进社区定期开展免费义诊活动

延吉市公安局三道派出所通过上门走访、发放征求意见表随访等方式，从群众中了解"实"情，进而改进工作作风

民警深入小区征求小区居民意见，与群众共议小区建设，收到良好效果

教育实践活动征求意见走进农家炕头

严肃换届纪律，召开新闻发布会

3. 务实为民

延边州各级机关党组织全面落实新时代党的建设总要求，从严从实推进党的各项建设，努力开创新时代机关党建工作新局面，为建设"团结和谐、繁荣富裕、美丽幸福"新延边提供了坚强保障。

始终坚持把机关党建工作同脱贫攻坚、民族团结、旅游兴州等重点工作有机融合，找准定位、彰显作为，实现"服务中心、建设队伍"核心任务。深入贯彻落实省、州"三抓"会议精神，倡导州、县（市）两级机关大力开展"三进、四服务"活动。深入开展创建"共产党员服务城"活动，常态化执行"社区工作日"和"双岗双责"两项制度，进一步改进了机关作风，密切了党群干群关系。

发展农产品加工业，助力扶贫攻坚。图为辣白菜生产车间

延边州大力发展旅游业，挖掘朝鲜族传统节日文化，脱贫攻坚取得大成效。图为龙井市第九届中国朝鲜族农夫节

（二）政府工作

延边朝鲜族自治州人民政府是延边州的行政管理机关。目前延边州下辖延吉、图们、敦化、珲春、龙井、和龙6市和汪清、安图2县，首府为延吉市。近年来，延边州政府高举习近平新时代中国特色社会主义思想伟大旗帜，在中共吉林省委、省政府和中共延边州委的正确领导和州人大、州政协大力支持和有效监督下，团结带领全州各族干部群众凝心聚力、团结拼搏，全面做好稳增长、促改革、调结构、惠民生、防风险各项工作，努力保持经济社会平稳健康发展。

1. 实施稳增长举措　扶贫攻坚全面胜利

2018年延边州整合投入扶贫资金27.1亿元，实施各类项目663个，县乡两级贫困人口住院报销比例分别达到85%、95%以上。发放"一张网"兜底保障养老金2.7亿元，受益贫困群众2.6万人。全州实现1.26万人脱贫、131个贫困村出列，贫困发生率下降到1.4%。

东西部扶贫协作和对口合作成效显著，2019年落实财政援建资金2.83亿元，实施项目89个。污染防治取得明显成效，国家水生态文明试点城市建设通过验收。2019年，龙井、和龙、图们顺利脱贫摘帽，汪清、安图完成州级脱贫摘帽初审。2020年4月，汪清、安图两县正式摘帽，延边州实现所有贫困县全部脱贫摘帽。

州政府实施"旅游兴州"战略。和龙市柳洞村被农业农村部公布为2020年中国美丽休闲乡村

延吉秀爱食品有限公司是由日本正荣食品工业株式会社出资设立的一家坚果类食品企业。图为公司南瓜子生产线

2. 经济发展注入新动力　加快实施兴州战略

2018年全州实施5000万元以上项目310个。珲春跨境电商综合服务平台和监管中心投入运行,完成对俄陆路跨境电商"第一单"。珲春列入中国跨境电子商务综合试验区,跨境电商实现"9610""1239"全模式进出口。

2019年,实施5000万元以上项目232个,重大产业项目101个,重大基础设施项目60个。招商引资入统项目125个,到位资金198.2亿元,增长31.55%;市场主体突破19万户,增长3.89%。"旅游兴州"迈出新步伐,旅游业接待人次和总收入分别增长13.1%、17.4%。"空中走廊"加速拓宽,国际旅客占比43%,居全国支线机场首位。

纪念延边朝鲜族自治州成立60周年全州第十四次民族团结进步表彰大会

全力实施"十大民生工程""百件惠民实事"。图为新农村建设后用上自来水

3. 持续增进民生福祉　社会大局和谐稳定

2018年，延边州政府共投入资金73亿元，全力实施"十大民生工程"和"百件惠民实事"。新增城镇就业4.1万人，登记失业率2.5%，农村劳动力转移就业23.2万人。全面落实"先诊疗、后付费"和"一站式"结算。

2019年，持续推进民族团结进步创建工作，9个集体、9名个人获全国民族团结进步表彰，民族团结持续巩固，宗教领域形势稳定。大力实施兴边富民行动，巩固党政军警民合力强边固防工作格局，全力维护边疆地区和谐稳定。

全州领导干部作风建设会议暨"双争"活动表彰大会

实施政府系统改革,提高服务能力。图为外出劳务人员返乡创业

4. 区域活力日渐增强　营商环境不断改善

2019年实施政府系统改革81项,推进"放管服"改革,70%以上实现"一窗受理、集成服务"。大力减轻企业负担,减税降费15亿元,清理拖欠民营企业和中小企业账款7.5亿元。行政许可、行政处罚信息实行双公示。切实整治形式主义、官僚主义和"文山会海"等突出问题。全州各县(市)、各部门获得省级以上荣誉110多项。

截至2019年,延边州各项社会事业建设快速、有序、全面发展,全州上下同心,奋力拼搏,递交了一份满意的答卷。

（三）人大工作

依法治国，建设社会主义法治国家，是中国共产党领导中国人民治理国家的基本方略。依法治国把坚持党的领导、发扬人民民主和严格依法办事统一起来，从制度上和法律上保证国家的长治久安。人大作为国家权力机关，在依法治国中发挥着重要的作用。

在中国共产党的领导之下，人民代表大会及其常委会在依法治国事业中居于主导地位。这是因为按照我国宪法的规定，我国一切权力属于人民。自延边州人大成立以来，历届州人大代表中的朝鲜族比例都高于当时朝鲜族人口在全州总人口中所占的比例。2002年12月，延边朝鲜族自治州第十二届人民代表大会第一次会议通过《延边朝鲜族自治州人民代表大会议事规则》。

近年来，延边州人大常委会准确把握新时代立法工作的着力点，立法分量重、节奏快、效果好；改进和完善监督方式，围绕打好"三大攻坚战"、突出抓好"三大攻坚任务"，坚持问题导向，跟踪问效，一抓到底；民有所呼、我必有应，凡是涉及群众的桩桩件件，都牵动着代表的心；深入学习贯彻习近平新时代中国特色社会主义思想和党的十九大精神，深入学习贯彻习近平总书记关于坚持和完善人民代表大会制度的重要思想，坚持党的领导、人民当家做主、依法治国有机统一，围绕中心、服务大局，履职尽责、积极作为，为自治州改革发展和民主法治建设做出了新的贡献。

2018年1月,延边州第十五届人民代表大会第三次会议会场

2020年3月,延边州十五届人大常委会第二十四次会议会场

2020年9月,州人大常委会视察安图、汪清乡村振兴战略工作

2019年6月,州政协视察全州民族团结进步创建工作

2019年8月,州政协视察部分县(市)农村人居环境整治工作开展情况

(四)政协工作

中国人民政治协商会议是中国共产党领导的多党合作和政治协商的重要机构,是中国政治生活中发扬社会主义民主的一种重要形式。多年来,延边州政协认真履行政治协商、民主监督、参政议政的职责,为延边地区的繁荣和发展做出了可贵的贡献。

近年来,州政协在中共延边州委的领导下,坚持以习近平新时代中国特色社会主义思想为指导,坚持团结和民主两大主题,紧紧围绕州委、州政府中心工作,充分发挥协商民主的重要渠道作用和参政议政职能,事业谋得新发展,工作迈上新台阶,为全州改革发展稳定做出新贡献,呈现出新的工作亮点和特色。

2020年1月6日，中国人民政治协商会议延边朝鲜族自治州第十三届委员会第四次会议开幕。图为开幕式会场

2020年1月8日，中国人民政治协商会议延边朝鲜族自治州第十三届委员会第四次会议闭幕式

加强思想理论学习，坚定正确的政治方向。紧扣中心工作，助推旅游兴州战略，促进经济转型发展，开展乡村旅游情况调研。州政协成立专题调研组，深入全州8个县（市）调研乡村旅游发展情况，提出《关于推进乡村旅游发展的调研报告》《关于推进我州文化旅游资源融合发展的调研报告》《延吉市城区交通情况的调研报告》等研究报告。围绕生态环保、开发开放、民生保障等多个领域，积极建言献策，提出关于农村医疗卫生人才队伍建设的调研报告以及《关于全州宗教工作情况的视察报告》。聚焦精准扶贫，全力助推脱贫攻坚。加强自身建设，提高政协工作科学化水平。

三、文化建设

文化是民族的血脉，是人民的精神家园。党的十八大以来，党中央高度重视文化建设，习近平总书记多次强调文化工作，提出了一系列重大创新理论，深刻阐释了文化建设的极端重要性，鲜明指出了新时期文化工作的新任务新要求。长期以来，延边历届州委、州政府始终高度重视民族文化工作，坚持把民族文化发展摆在突出位置，开展了一系列卓有成效的工作，优秀传统文化得到保护、传承和弘扬，公共文化服务体系日益完善，民族文化精品创作异彩纷呈，民族文化产业加快发展，民族团结和谐局面进一步巩固，极大地增强了民族文化的凝聚力、影响力和创造力。

延边州是中国朝鲜族居住最集中、朝鲜族民俗文化保存最完整的地区，作为清朝皇族的发祥地，古渤海国、东夏国的发源地，延边民俗风情多彩、历史文化悠久，朝鲜族崇文重教、注重礼仪，能歌善舞、酷爱足球，素有"文化之乡""歌舞之乡""足球之乡"的美誉，是传承中华人民共和国朝鲜族文化的示范基地。非物质文化遗产达到300余项，朝鲜族农乐舞成为我国唯一列入人类非遗名录的舞蹈类项目。

（一）优先发展民族教育

延边州高度重视教育工作，从自治州建立初期开始持续不断的扫盲运动，到普及义务教育，再到朝鲜族受高等教育的人口占总人口的比例高于全国其他民族的平均水平，延边完成了一个从老少边穷地区到教育发达地区的历史性跨越。延边州先后在全国少数民族教育中创造了六个全国第一：第一个基本普及小学教育，第一个基本普及初中教育，第一个实现青壮年扫盲，第一个在全国少数民族地区建立盲聋哑学校，第一个在全国少数民族地区建立综合大学，第一个建立农民大学。

"立足本省、服务全国、面向世界"的延边大学

1. 延边大学

延边大学始建于1949年。延边大学是全国30个自治州中唯一一所列入"211工程"院校的地方大学。

延边大学始终坚持社会主义办学方向,秉承"求真、至善、融合"的校训和"自强、和合、日新"的校风,发扬"艰苦创业,开拓进取,传承文化,突出特色,民族团结,共教共学,广泛交流,多边合作"的优良传统,开创了一条边疆民族地区高等学校的特色发展之路。

延边大学农学院的师生们在一起

延边大学师范分院外景

延边大学开展学术交流活动。图为东亚传统文化及其价值国际学术会议现场

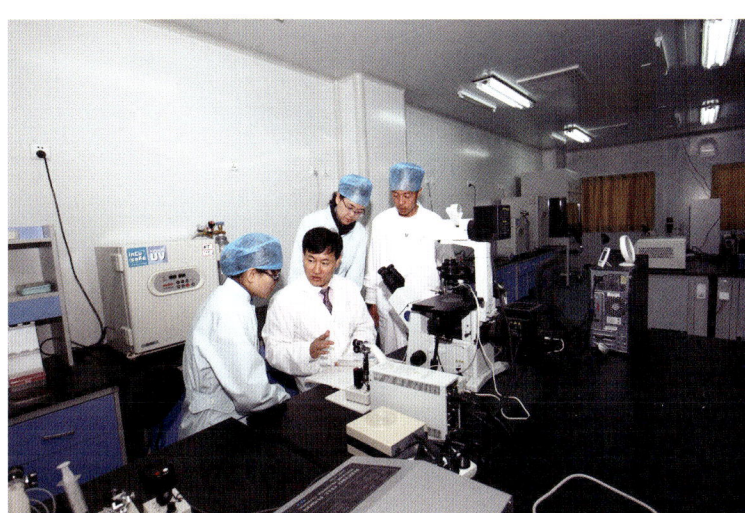
延边大学开展学术交流活动

延边大学新校区

培养人才的摇篮

2. 幼儿教育

朝鲜族幼儿园

孩子们体验民俗

汉族幼儿园

朝鲜族幼儿园课堂

多功能音乐室

3. 中小学校教育

朝鲜族小学基础教育

小学生计算机课堂

朝鲜文书法教育

小班化教育

青年教师教学比赛

职业高中学生在语音室上外语口语课

朝鲜族非物质文化遗产保护项目——"象帽舞"进课堂

4. 中小学生社会教育活动

学生在延吉市少年儿童图书馆阅读

小学足球队

速滑比赛

第二课堂水墨画组

中学生戏剧社演出话剧《茶馆》

爱国主义教育活动

学生在学习观摩机械化播种

122

5. 民族特色教育

幼儿伽倻琴教学

民族历史文化课

参加全国第四届中小学生艺术展演

传统文化剪纸教学

延边州职业教育专业齐全，为社会提供了急需的专业人才。图为延吉市职业高级中学教学课堂

（二）文化事业繁荣发展

根植文化自信沃土，砥砺奋进谱写华章。建州以来，延边州文化事业从发展走向繁荣，文化产业从传统产业向新兴文化业态集聚，极大增强了全州民族文化工作的凝聚力、影响力和创造力，成为全州民族团结、经济发展、生态良好、边疆稳固的坚实基石。1988年，延边州率先命名了汪清象帽舞之乡、珲春洞箫之乡、图们长鼓舞之乡、龙井伽倻琴之乡等一批特色文化乡镇；2006年，延边卫视开始卫星传播，成为我国唯一的地区级上星媒体，实现了中国朝鲜语广播电视节目在更大范围的覆盖；2013年11月，延边州被列为全国第二批公共文化服务体系示范区创建地区。

近年来，延边民族文化厚植于政策的沃土，如雨后春笋，蓬勃发展。2017年10月，延边州出台了《关于进一步繁荣发展民族文化工作的意见》及相关细则，每年拿出1000万元专项资金实施社会主义核心价值观"培树"工程、文艺精品创作工程、"人才兴文"工程等七大工程，为全州文化繁荣插上了腾飞的翅膀。

宽敞明亮、功能齐全、现代化的图书馆、社区阅览室、农家书屋，热闹的文化馆、群众艺术馆，乡村的文化站、城市的文化广场，成了人民群众文化生活的主阵地。

1. 提升文化基础设施　百姓乐享文化成果

延边州大力提升文化基础设施建设，让百姓乐享文化成果。2012年，新建的延边图书馆和延边博物馆顺利竣工并交付使用。全州"三馆一站"全部实现错时、超时免费开放。

延边图书馆

延边图书馆始建于1949年2月，于1955年1月6日被吉林省人民政府正式命名为延边朝鲜民族自治区图书馆，是延边州第一所综合性公共图书馆，也是在中国少数民族地区中建立较早的地区级公共图书馆之一。1998年、2004年、2012年、2016年四次被定为国家一级图书馆。新馆于2012年9月2日正式对外开放，总面积1.3万平方米，藏书设计容量150万册。现有藏书56万余册，其中朝鲜文书籍8.2万多册、古籍7000册。设有采编部、流通服务部、中文阅览部、少儿阅览部、特藏文献部、信息咨询服务部、信息技术部、影像资源制作部、社会教育

延边图书馆外景

延边图书馆朝文阅览室

延边图书馆少儿阅览室

延边图书馆电子阅览室

部、办公室等10个部门。现有职工66名。

图书馆实行全年365天开馆，为读者提供服务。常年开展"图书馆服务宣传周"活动和"全州多读书、读好书"活动，在馆内外举办读书演讲会、报告会、读书知识竞赛、免费心理咨询、老年人健康讲座、科普讲座、信息发布会、科技成果中介会、地方文献展览、古籍文献展览等活动。编辑《参考信息》《韩国文化动态信息》《东北亚信息》等二次文献。还在农村、社区、学校、军营建立图书流通站。延边图书馆已实现了馆藏信息资源载体多样化、业务工作自动化、服务流程规范化、信息查询网络化，正以崭新的风貌在公共文化服务体系的建设中发挥重要作用。

延边博物馆外景

延边博物馆

延边博物馆建于1960年，是一座集地方历史和朝鲜族民族特色于一体的综合性博物馆。2009年被评为国家二级博物馆，对社会免费开放。馆舍三经变迁，现馆舍于2012年落成开馆，占地面积2万余平方米，建筑面积14570平方米，陈列面积7200平方米。馆藏文物近1.5万件，其中国家珍贵文物500多件，由古代文物、近现代文物和朝鲜族民俗文物组成。现有三大基本陈列：《朝鲜族民俗陈列》《千秋正气——中国朝鲜族革命斗争史陈列》《延边出土文物陈列》，还有《中国朝鲜族农乐舞》和《延边历程——延边朝鲜族自治州成就展》两个专题展览。延边丰富的文化遗产和传统的民俗风情赋予了延边博物馆独有的社会地位和民族特色，延边博物馆以精美的设计及丰富的内涵，生动展现了延边的过去、现在和未来，成为人们了解延边和延边对外宣传的重要窗口。

延边博物馆在挖掘民族文化、传承历史文化、创新时代文化、吸收先进文化方面做出了重大贡献，是全国地、县级文明馆，全国"百家重点博物馆"，全国民族团结进步教育基地，中国华侨国际文化交流基地，省爱国主义教育基地，省党史教育基地，省社会科学普及基地。2015年被评为国家AAAA级旅游景区。

朝鲜族民俗展

中国朝鲜族革命斗争历史陈列

延边出土文物基本陈列

和龙市东城镇综合文化站

汪清县百草沟镇仲坪村文化广场

文化广场健身舞

文化服务供给不断丰富

延边州各级公共文化服务机构进一步完善服务设施设备，常年举办"心理咨询""文化讲堂"、寒暑假学生艺术培训等各类公益讲座、培训等活动。配备流动演出车和图书流通车，坚持开展"送文化下基层"活动，送演出，送教学光盘、歌曲集、图书、报刊等，文化服务延伸至全州最边远、最贫困的山区农村，实现服务公众"零距离"。

小学生们在参观古代出土文物展

合唱辅导

送书到社区

"三下乡"惠农大集活动

送戏到敬老院

延吉市"金达莱之夏"广场文化节

农乐舞培训班

图们市广场舞大赛

群众文化活动蓬勃开展

推进文化乐民、文化育民、文化富民工程，充分发挥专业艺术团体和文化馆（站）的作用，积极举办各种形式的音乐、舞蹈、美术等艺术培训，培育业余文艺骨干，壮大群众文化队伍。以"边疆千里行"、农民文化节、快乐延吉大舞台等文化活动为载体，打造群众文化活动品牌；同时，根据街道、乡镇的不同特点和优势，整合文化资源，培育命名伽倻琴艺术之乡、洞箫之乡、长鼓舞之乡、象帽舞之乡等民间文化艺术之乡，大力推进各类文化活动有效开展，基层群众的幸福指数得到进一步提升。

珲春市密江乡"文化大集"

敦化市"千场秧歌乐文化大院"活动启动仪式

庆祝延边州成立60周年活动全州职工广场文艺汇演

《延边日报》朝鲜文版创刊于1948年4月1日，汉文版创刊于1958年1月1日，1998年又创办了《星期刊》，这是延边州唯一的具有晚报性质的地区级报纸。图为延边日报朝鲜文版创刊号

全国首家口岸外宣类报纸——《图们江报》俄文版

参加第十七届韩国首尔国际图书展

电影《海兰江畔稻花香》剧照

2. 挖掘出版精品　推动新旧媒体融合发展

延边州拥有3家朝鲜文出版社。2017年9月国家吉林民文出版基地在延边州挂牌，这是继新疆、内蒙古之后第三个国家级民文出版基地。随着国家广播电视"西新工程"的不断深入，延边州的广播电视节目覆盖率得到了全面提高，边境地区朝鲜族群众收听、收看本民族语言广播电视节目难的问题基本得到解决。农影院线在龙井市白金乡建起全州第一家装配式移动数字电影厅，逐步实现农村电影由室外流动放映向室内固定放映转变。

延边教育出版社部分出版物

延边人民出版社部分出版物及获得的荣誉证书

延边州主要期刊

中国唯一一家朝鲜语卫星电视媒体——延边卫视

延边人民广播电台朝鲜语频道现场直播大型活动

延边人民广播电台汉语频道记者在边境口岸采访

延边电视台春晚北京分会场

首部反映中国朝鲜族人民半个多世纪以来生活变迁的情感电视剧《长白山下我的家》开镜仪式现场

数字资源制作中心

《长白山下我的家》剧照

歌舞《长白山阿里郎》（国庆六十周年献礼剧目）

歌舞《放歌长白山》（获第十四届文华奖优秀剧目奖）

3. 文化精品百花齐放　打造延边文化品牌

延边州素有"歌舞之乡"的美誉，底蕴深厚、内涵丰富、特色浓郁的中国朝鲜族文化犹如盛开的金达莱，绽放在中华文化的百花园。延边州文化精品创作生产繁荣兴盛，打造出了具有核心竞争力的知名延边文化品牌。1991—2016年，歌剧《阿里郎》、舞剧《春香传》、原创舞剧《阿里郎花》等作品先后荣获文华奖。2014年12月，文化部授予延边歌舞团"全国文化系统先进集体"荣誉称号；延边歌舞团大型中国朝鲜族原创舞剧《阿里郎花》完成精编版，新编剧目《沈清传》填补中国朝鲜族唱剧空白；舞蹈《长鼓行》《书魂》斩获中国舞蹈"荷花奖"。

延边歌舞团成立于1946年3月，是我国唯一传承、研究和发展中国朝鲜族文化艺术的综合性表演团体，也是中国朝鲜族艺术精品的生产基地和培养朝鲜族艺术人才的摇篮。现有演职人员230名，其中高级专业技术人员87名，内设创编室、

大型舞剧《春香传》剧照（获首届文华大奖）

大型民族舞蹈诗《长白情》剧照（获五个一工程奖、第九届文华大奖）

大型歌剧《阿里郎》剧照（1991年9月获文化部首届新剧目文华大奖）

大型歌舞《欢腾的长白山》剧照（获第二届全国少数民族文艺汇演"优秀剧目奖"）

管弦乐团、声乐、舞蹈、话剧、舞美以及艺术科、演出营销部等12个部室。建团70多年来，延边歌舞团深深扎根于民族民间艺术的土壤之中，以继承、繁荣、发展朝鲜族民族文化艺术为宗旨，形成了具有浓郁民族特色和地域特色的艺术风格。1950年，延边歌舞团到北京参加国庆一周年文艺演出活动，在中南海怀仁堂受到毛泽东、刘少奇、周恩来、朱德等国家领导人的接见。此后30多次代表吉林省赴京参加全国性庆典活动和文艺汇演，共有100多部作品获国家级奖项。延边歌舞团是吉林省少数民族文化艺术（朝鲜族）传承基地、国家级非物质文化遗产项目朝鲜族说唱艺术"盘索里"的传承基地，被文化部授予"走正路，出作品，出人才"先进单位和全国文化工作先进集体。作为中国朝鲜族"形象大使"多次代表国家出国访问演出，为国家赢得声誉。

朝鲜族话剧《春香传》(1956年),获首届中国艺术节"综合一等奖"

音乐舞蹈诗《千年阿里郎》(获第三届全国少数民族文艺会演音乐舞蹈类剧目大奖)

唱剧《沈清传》(获第三届中国少数民族戏剧会演"剧目金奖")

话剧《故乡驿》剧照

朝鲜族话剧《没毛的狗》(1991年)获第二届文华新剧目奖

朝鲜族话剧《白雪花》(1994年)获第五届"文华新剧目奖"

音乐剧《风流郎君》(1995年)在全国少数民族新作品评奖中获"银奖"

话剧《朱德海》剧照

1957年,延边歌舞团独唱演员方初善(左一)参加第六届莫斯科世界青年联欢节

1994年,延边歌舞团在俄罗斯乌苏里斯克市进行交流演出

1985年,延边歌舞团歌唱家金善玉(二排左五)、林圣镐(二排左六)代表吉林省赴朝参加演出

4. 推进对外文化交流　为国家赢得荣誉

延边州重视民族文化领域的多层次互访,加强友好城市间的文化交流,主动开展对外民族文化合作,组织举办高水平文化交流活动,积极推介民族文化产品和服务。

1987年，延边歌舞团赴朝鲜咸镜北道进行交流演出

1994年，延边歌舞团应邀赴韩交流演出舞剧《春香传》

2008年5月，延边歌舞团作曲家黄基旭（左三）被聘参加韩国"第35届春香国乐大展"伽倻琴评审

2013年5月，延边歌舞团管乐队赴俄罗斯符拉迪沃斯托克（海参崴）参加"世界管乐节"

1991年6月，延边歌舞团访问乌苏里斯克市进行交流演出活动

传统美食制作

金达莱文化旅游节朝鲜族摔跤比赛

5.挖掘节庆文化　发展全域文化旅游

打造特色节庆活动是提升旅游经济、发展全域旅游的重头戏。近年来，延边州以全域旅游发展为指导思想，以全域资源整合、全域规划引领、全域宣传营销为抓手，始终把发展文化旅游作为推进城市转型的突破口，统筹县（市）旅游资源开展文旅节庆活动，在全州农村形成了"以节促旅、以旅促农"的现象，节庆活动带动了乡村旅游业发展。延边州各类节庆活动好戏连台，丰富多彩的节庆活动在活跃延边文化活动的同时，极大地推动了全州旅游产业发展。

这些节庆活动与当地文化内涵契合，提升了当地的品牌形象，成了一种文化符号。节庆活动不仅是旅游的促销品，也在一定程度上成为全新的旅游产品和旅游模式。为丰富"美丽中国·鲜到延边"旅游品牌内涵，延边州整合各方面资源，建立跨部门、跨行业、跨地域的整合联动推广机制，科学谋划州县（市）两级节事活动，通过打造"一县（市）一品牌"，有效推进县（市）节事活动成为新的经济增长点，不断提升延边知名度、美誉度和游客满意度，让更多人走进延边，带走延边记忆，传播延边印象。

中国·和龙长白山金达莱国际文化旅游节

每年4月下旬在和龙市金达莱民俗村举行。活动内容有朝鲜族传统民俗活动、民俗体育表演活动、时尚韩服秀、旅游产品推介等。

金达莱文化旅游节拔河比赛

2019中国（延吉）朝鲜族端午民俗文化旅游节

中国（延吉）朝鲜族端午民俗文化旅游节

端午节是中国弘扬民族精神的重要节日，是中华民族文化遗产的重要组成部分，也是展示和传播优秀民族文化的重要载体。2019年延吉市以中国朝鲜族民俗文化为核心，举办中国朝鲜族端午民俗文化旅游节，充分展示了中国朝鲜族深厚的文化底蕴和民俗风情，为市民和游客带来一场民俗文化旅游盛宴。延吉市以端午民俗文化旅游节为契机，打造具有区域独特性、传统民俗性、民族代表性的文化旅游品牌，实现文化、旅游、体育等产业的深度融合，助推全域旅游快速发展。

图们江文化旅游节开幕式

图们江文化旅游节斗牛比赛

中国·吉林图们江文化旅游节

每年 8 月份在图们江畔的图们市文化广场举行。旅游节旨在不断挖掘图们江文化内涵，弘扬中国朝鲜族民俗文化，充分展示民俗风情、边境文化，塑造图们江文化旅游品牌形象。

龙井梨花民俗文化节（李钟杰摄）

中国·龙井"延边之春"苹果梨花节

每年 5 月的"梨花节"和 9 月下旬的苹果梨"采摘节"已经成为独具延边特色的朝鲜民族农耕文化的代表性节日，招徕许多中外游客观光赏玩。

龙井梨花民俗文化节（跳板）

老人节活动场面

老人节

1984年,延边州将每年的8月15日定为老人节,举行尊老敬老的活动,为老人健康长寿创造各种条件,使尊老习俗进一步发扬光大,成为全社会的美德。

（三）民族瑰宝世代相传

延边州有着深厚的文化底蕴和独特的文化魅力。2009年，中国朝鲜族农乐舞被列入联合国教科文组织"人类非物质文化遗产代表作名录"，成为中国唯一入选的舞蹈类项目。龙井伽倻琴、延吉牙拍舞、图们长鼓舞、汪清象帽舞4个非遗项目成功挑战吉尼斯世界纪录。为了做好非物质文化遗产保护传承工作，2015年6月，延边州颁布实施《延边州朝鲜族非物质文化遗产保护条例》。截至2019年，全州共搜集、整理民间音乐、舞蹈、美术、民俗等十大类非遗项目300余项，共有国家级重点文物保护单位14处，国家级非物质文化遗产代表性项目17项，省级名录84项，州级名录139项，公布了186名代表性非遗传承人。积极开展少数民族文化传承基地建设，建设少数民族文化传承基地42个，其中省级基地23个。

1. 非物质文化遗产项目名录

国家级项目名录

序号	项目名称	项目类别	备注
1	朝鲜族农乐舞（象帽舞）	传统舞蹈	第一批国家级名录
2	朝鲜族长鼓舞	传统舞蹈	第二批国家级名录
3	朝鲜族鹤舞	传统舞蹈	第二批国家级名录
4	朝鲜族洞箫	传统音乐	第二批国家级名录
5	阿里郎	传统音乐	第三批国家级名录
6	伽倻琴艺术	传统音乐	第三批国家级名录
7	盘索里	曲艺	第三批国家级名录
8	朝鲜族跳板、秋千	杂技与竞技	第一批国家级名录
9	朝鲜族摔跤	杂技与竞技	第三批国家级名录
10	朝鲜族三老人	曲艺	第二批国家级名录
11	朝鲜族传统婚礼	民俗	第二批国家级名录
12	朝鲜族花甲礼	民俗	第二批国家级名录
13	朝鲜族传统服饰	民俗	第二批国家级名录
14	朝鲜族回婚礼	民俗	第三批国家级名录
15	朝鲜族传统乐器制作	传统手工技艺	第二批国家级名录
16	秋夕	民俗	第三批国家级名录
17	泡菜制作技艺	传统技艺	第四批国际级名录

朝鲜族农乐舞

朝鲜族象帽舞

朝鲜族农乐舞

四项创世界吉尼斯纪录

2012年8月,汪清县千人象帽舞创吉尼斯纪录。

2012年8月,图们市千人长鼓舞创吉尼斯纪录。

2012年9月,延吉市800人共跳牙拍舞创吉尼斯纪录。

2013年9月,龙井市千人伽倻琴合奏创吉尼斯纪录。

朝鲜族农乐舞

2. 延边州非遗项目

朝鲜族农乐舞

"农乐舞"俗称"农乐",是朝鲜族代表性民间传统活动,流传于吉林、黑龙江、辽宁等朝鲜族聚居区。农乐舞创始于农业劳作,并具有古代祭祀成分,其历史可追溯到古朝鲜时代春播秋收时祭天仪式中的"踩地神"。

农乐舞是一种融音乐、舞蹈、演唱为一体综合性的民族民间艺术,它一般有两种形式:一种是以舞蹈和哑剧形式进行情节性的演出;而另一种,是在新年伊始和欢庆丰收时节,以热烈而丰富的传统舞蹈组成的群众性表演活动。农乐舞的表演共包括"小鼓舞""叠罗汉""扁鼓舞""长鼓舞""扇舞""鹤舞"等十二部分,最后压阵的是男子"象帽舞"。象帽舞向来是最令人瞩目和兴奋激动的舞蹈,男青年舞者头部甩动长达 20 米彩带的高难技巧,令人目不暇接,成为"农乐舞"最突出的标志之一。

2009 年,延边朝鲜族农乐舞被列入世界非物质文化遗产名录。

千人象帽舞表演创吉尼斯纪录

国家级非遗传承人金明春表演象帽舞

汪清县鸡冠乡影壁村原生态农乐舞

朝鲜族农乐舞

朝鲜族长鼓舞

朝鲜族长鼓舞

朝鲜族长鼓舞是朝鲜族最具代表性的舞蹈之一,主要流传在吉林省延边朝鲜族自治州及其他朝鲜族聚居区,脱胎于朝鲜族传统的农乐舞,至今已有上千年的历史。长鼓源于印度的细腰鼓,细腰鼓通过丝绸之路传入中原,再辗转传入朝鲜,成为朝鲜族主要的打击乐器。朝鲜族长鼓为两面鼓,两面音高不尽相同。明清时期,部分朝鲜人从朝鲜半岛迁到中国,长鼓舞也随之传入,经过长期发展,逐渐形成了具有中国特色的朝鲜族长鼓舞。

朝鲜族长鼓舞既可集体表演,也可单独表演。女性长鼓舞风格优雅,男性长鼓舞活泼潇洒。表演时以扛手、伸肩、鹊雀步等动作为主,舞者肩挎长鼓,右手持鼓鞭,边跳边敲。长鼓不仅是舞蹈的道具,也是伴奏乐器。整个舞蹈集演奏、演唱、舞蹈于一体,实现了人、鼓、乐的高度协调。

朝鲜族长鼓舞具有鲜明的朝鲜族文化特色,在朝鲜族舞蹈史上占有十分重要的地位。它的传入丰富了中国民族民间舞蹈的艺术形式,也为文化交流留下了一段佳话。中华人民共和国成立后,朝鲜族舞蹈家精心改编,在长鼓舞中注入了新的时代气息,使这一优秀的民间艺术形式更趋完善。

2008年,延边朝鲜族长鼓舞被列入国家级非物质文化遗产名录。

图们市千人长鼓舞表演创吉尼斯纪录

朝鲜族长鼓舞

朝鲜族鹤舞

朝鲜族鹤舞

朝鲜族鹤舞

鹤舞是发源于朝鲜的一种民族舞蹈，传入中国已有一百多年。它最早是大型宫廷歌舞五方处容舞中的一种穿插表演形式。李氏王朝时期，鹤舞在表演上出现了新的变化，两只鹤围绕两朵莲花翩翩起舞，形成独立的"鹤立莲花台舞"。传入中国后，经民间艺人重新加工整理，演出形式更为完善，深受广大群众的喜爱，中华人民共和国成立初期在延边地区各县市得到普及。目前，鹤舞在延边州安图县流传十分广泛。

朝鲜族鹤舞风格朴素、柔和、舒展，动律和动作以模拟鹤的形态为明显特征。表演时，由两名舞者装扮成鹤，且模拟鹤的悠闲姿态和搭颈、啄鱼、摆臂等动作，围绕两朵莲花盘旋舞蹈。

鹤舞是朝鲜族民间舞蹈中唯一的鸟类假面舞，反映了朝鲜族人民对仙鹤的崇信和对善与美的热烈追求。鹤舞是文化传承、传播和再创造的生动见证。

伽倻琴合奏

伽倻琴艺术

伽倻琴又称"朝鲜筝",是朝鲜族最具代表性的弹拨弦鸣乐器,流行于吉林、辽宁、黑龙江、内蒙古、河北等省区,尤以延边朝鲜族自治州最为盛行。

伽倻琴音色柔和,琴声深沉,外形似筝。据朝鲜古籍《三国史记》记载:"伽倻琴,亦法中国乐部筝而为之。……伽倻琴虽与筝制度小异,大概似之。"因此,伽倻琴的产生可追溯到新罗真兴王年代。到19世纪末,伽倻琴音乐达到高峰,音乐从缓慢的宫廷乐逐渐转变为轻快而活泼的散调。原来流传下来的伽倻琴因不适合演奏散调的快音而改制成散调伽倻琴流传至今。伽倻琴于19世纪末由朝鲜传入中国朝鲜族居住地区,并在民间得以传承。

伽倻琴艺术是朝鲜族传统音乐文化的典型代表,无论是它的造型、制作材料,还是它的音质音色、音乐表现风格和演奏方法,均体现着朝鲜族人民的性格内涵,充分反映了中国朝鲜族人民生活的历史形态。

龙井市千人伽倻琴演奏创吉尼斯世界纪录

龙井市千人伽倻琴演奏创吉尼斯世界纪录

洞箫表演

洞箫演奏

朝鲜族洞箫

洞箫是中国朝鲜族的一种传统乐器，至今已有 1500 余年的历史。朝鲜族人民每逢节日或乡村婚嫁寿诞典礼，都会有洞箫演奏。

洞箫音色恬静、悠扬，具有淳厚长者及君子之风。19 世纪末以来，延边的洞箫演奏家们先后创作了许多以"散调"即独奏曲为主的音乐作品，其中既有反映朝鲜族人民在封建统治和日寇掠夺下艰难生活的悲凉乐曲，又有表现与日本侵略者进行坚决斗争意志的"希纳予"乐曲。中华人民共和国成立后，又出现了《伐木歌》《丰收歌》等乐曲，将劳动和生产中产生的自豪、欢乐情绪抒发得淋漓尽致，极大地丰富了中国音乐文化宝库。

朝鲜族洞箫音乐是朝鲜族人民文化生活中不可或缺的内容，在中朝文化交流中发挥着至关重要的作用。2008 年，朝鲜族洞箫被列入国家级非物质文化遗产名录。

三老人表演

朝鲜族三老人

朝鲜族三老人主要流布于吉林省和龙市朝鲜族聚居区，是富有鲜明民族艺术特色的文化表现形式。

朝鲜族三老人融朝鲜族曲艺才谈、小丑戏（尔光代）、漫谈、幕间剧等形式为一体，说白为主，唱演为辅。演出时由三位演员模拟进步、中间、落后三种类型的老人，通过争辩颂扬先进，批评落后。朝鲜族三老人对白朴实，风格幽默，艺术特色十分明显。演员模拟的先进者正气凛然，智慧超群；中间派说白滑稽，左右逢源；落后者头脑简单，易走极端。三个人物对比鲜明，相映成趣。

朝鲜族三老人的唱腔音乐带有典型的朝鲜族特点，易学易唱，朗朗上口。在演出中，演员不受年龄约束，年少者扮演老人更受欢迎。朝鲜族三老人扮相滑稽，表演富有喜剧性，具有人物类型化、结构程式化、创作脚本化、情节戏剧化的特点。其演出曲目多反映新时代风貌，较有代表性的包括《百年大计》《新的长征》《去开会的路上》《老人足球队》等。已编辑出版的朝鲜族三老人作品集《笑声》中汇集了不少演出曲目，有的作品还被收入《朝鲜族文学作品选》，影响深远。

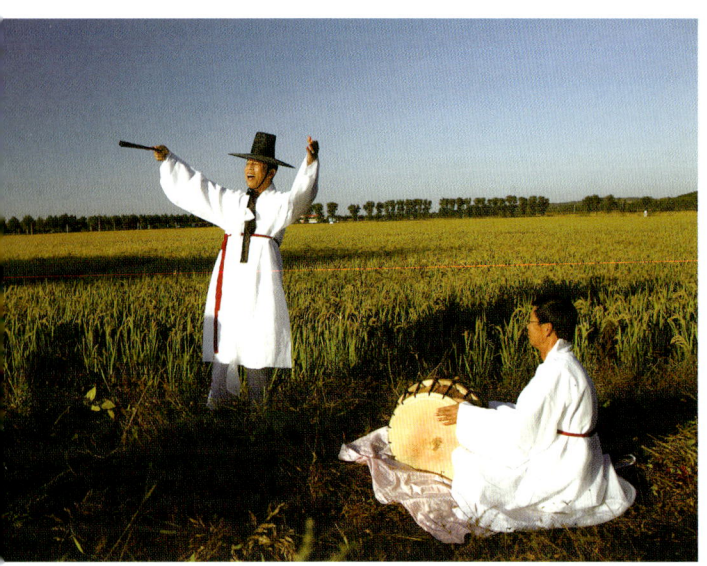
盘索里表演

盘索里表演

盘索里

盘索里是朝鲜族曲种之一。"盘索里"为朝鲜语的音译，本意是指"娱乐场"，此处引申为"大庭广众唱的歌"之意。流行于吉林、辽宁和黑龙江三省的朝鲜族聚居区。

盘索里传统的表演形式为一人站立说唱，以唱为主，兼有说白；另有一人坐着击鼓伴奏，也有加入伽倻琴或扬琴伴奏的。唱腔曲调有平调、上平调、界面调、平界面调、下界面调等。过去通常在野游、宴会、年节和庆典场合演出，抗日战争时期也有艺人以此在餐饮场所卖唱为生。20世纪中叶以后出现了高台表演，成为朝鲜族专业文艺表演团体的重要演出形式。传统节目多取材于朝鲜族传统故事，如《春香传》《沈青传》和《兴甫歌》等，也有《赤壁歌》《孔明歌》等根据汉族文学故事编演的节目和反映新时代现实生活的短篇节目。

阿里郎表演

阿里郎

阿里郎是朝鲜民族在迁徙和生活实践中流传下来，为中国朝鲜族广为传唱的代表性民谣。以重复"阿里郎"为标志，具有曲调平滑流畅、旋律优美动听的特点，在中国朝鲜族群众中具有极大的影响力。

跳板

朝鲜族跳板

朝鲜族是个爱好体育运动的民族，压跳板是朝鲜族妇女最喜爱的民间传统体育运动之一，具有广泛的群众性。

作为一种体育竞技游戏，跳板流行于延边州及全国其他朝鲜族聚居的地方，跳板活动一般在元宵节、端午节和中秋节等喜庆日子举行。跳板一般长近6米，宽40厘米、厚5厘米左右，大多用木质坚硬又极具弹性的水曲柳木板制成。跳板中间用木架支撑住，两人分别站在两端，轮流起跳，利用跳板的反弹力把自己和对方分别弹向空中。这样反复地一起一伏，参加者奋力向上跃起，不断增加腾空的高度并做出各种花样动作。跳板靠两个人的协调合作进行，有时边跳边唱，一个唱一个和。

跳板比赛有比抽线拉高和比表演技巧两种。比抽线就是比拉出的线的总长度，以抽线的长短定胜负。这种比赛主要是比谁的动作最符合标准，谁的动作难度大，谁的动作姿态优美。近年在以往高度比赛的基础上增加了比赛技巧，看谁在腾空的瞬间做出的高难动作多且姿态优美动人，所以参加跳板活动不但需要胆量，而且需要智慧和技能。

跳板运动是一种健康的传统体育运动，历来深受朝鲜族人民的喜爱，甚至有"姑娘时不跳跳板，出嫁后就会难产"的说法。

秋千

朝鲜族秋千

朝鲜族是个爱好体育运动的民族，荡秋千是朝鲜族妇女最喜欢的活动之一，历史悠久，流行于延边州及其他朝鲜族聚居的广大农村，具有广泛的群众性。

秋千活动具有高、飘、悠、巧、柔、美、欢的特点。秋千绳一般都拴在高大树木结实的横枝上，在秋千前方的上空悬有彩带或铃铛，荡起的秋千板要触及这个标志才能赢得欢呼与赞扬。常常是一人荡起，众人瞩目，场边喝彩连连。艳丽的衣裙像彩凤的双翼，带动缕缕清风，远远望去，天空湛蓝，草地青青，浓妆淡抹的朝鲜族少女宛若飞动的彩色蝴蝶，在天空中飘忽来去，构成一幅流动的瑰丽图画。

秋千

  大型的荡秋千竞技比赛更为迷人，多在农闲时节及端阳等节庆日举行，届时朝鲜族妇女们穿着节日的盛装去参加比赛。比赛方法有两种，一种是比荡起的高度，另一种是比踢铃的次数即比耐力。比赛中常常可见到高空中悬挂着一面皮鼓，荡秋千的姑娘们在围观者的呐喊助威声中高高荡起，在空中用脚踢鼓，谁踢响的次数最多，谁就将成为比赛的冠军。

  秋千现已被正式列入全国民族运动会的比赛项目，延边州的荡秋千绝技已成为少数民族传统体育园地一朵盛开的奇葩。

摔跤场

朝鲜族摔跤

摔跤在我国有着悠久的历史，是各族人民喜闻乐见的一项竞技运动。朝鲜族摔跤有着自己独特的比赛方式和文化特色。

传统朝鲜族摔跤分为攻击式和回旋防御式，在此基础上能够变化出上百种进攻、防御组合技术。朝鲜族摔跤一般根据参赛人数先进行预赛，选拔出八强或六强参加决赛。最后举行的冠亚军决赛，是整场比赛的高潮部分。为了鼓舞摔跤选手的士气，活跃赛场气氛，决赛前先将比赛的奖品——披红挂彩的大黄牛，绕场一周，并拴在场边等待新的主人——冠军获得者。比赛双方的亲朋好友和观众为选手呐喊助威，边歌边舞，热闹非凡。

摔跤比赛

朝鲜族摔跤比赛时，随着场上裁判员鸣哨宣布比赛开始，双方同时用力并通过内勾、外勾、箍脖和抱腿等技巧，将对方摔倒，一方膝以上的身体任一部位着地即为负。每场比赛采用三局二胜制，每局时间三分钟。

比赛结束后，由裁判长宣布比赛名次，并由当地政府官员亲自将一头膘肥体壮、披红挂彩的大黄牛奖给优胜者。"英雄"骑着黄牛在锣鼓声中绕场一周，向观众致意，家人和观众身着民族盛装载歌载舞，鼓掌欢呼，尔后高高兴兴地回家去。

涓吉

奠雁礼

交拜礼

朝鲜族传统婚礼

传统的朝鲜族婚娶方式包括议婚、大礼、后礼三大阶段。议婚包括核对宫合、书写婚书、涓吉等内容。大礼包括新郎家向新娘家赠送礼装函、奠雁礼、交拜礼、合卺礼、新郎接受大桌等。后礼包括新娘前往新郎家接受大桌等内容。

接受子孙们的大礼

延边州成立六十周年之际举办的集体花甲礼仪式

朝鲜族花甲礼

花甲礼是朝鲜族为60岁老人举行的一种重要人生礼俗，由生日祝寿和尊重老人的风俗演变而来，形成于17世纪中叶至18世纪中叶之间，主要流传于延边州和东北三省的朝鲜族聚居地区。

朝鲜族自古就将尊重老人视为家庭乃至社会生活中的重要准则。老人年届花甲之日，儿女们会为其摆设宴席，邀请亲朋邻里欢聚一堂，以表达对父母养育之恩的感激。祝寿是花甲礼的基本仪式，花甲宴的席面上摆满糖果、鱼肉、糕点和酒类，花甲老人坐在寿席中央，男左女右，同亲朋邻里中的同辈兄弟一起接受人们的祝寿。礼仪开始，祝寿者按儿女长幼之序和亲朋远近之别依次祝寿，或敬酒磕头，或献诗颂祷，或载歌载舞，祝福老人健康长寿，整个仪式充满人文关怀与和睦温馨的气氛。

朝鲜族花甲礼传承着尊老敬老的民族美德，进一步加深了家庭中父子、祖孙、儿媳与公婆之间的亲密关系，有助于促进社会风气的良性发展、加快和谐社会的建设。

回婚礼

朝鲜族回婚礼

回婚礼是延边地区盛行的为纪念结婚60周年而举行的传统民俗贺礼。回婚礼同"花甲宴"一样，大致形成于17世纪中叶至18世纪中叶。在朝鲜族的先人观念中，"六十甲子"的轮回称作"周甲"或"回甲"，周甲成为一种特殊的时间概念，含有长久和吉祥的寓意。回婚礼比一般婚礼还要隆重。这一天老夫妻身穿婚礼盛装，在院子里举行奠雁礼、交拜礼、合卺礼，接着进入屋内共同享用丰盛的大桌（婚席），接受子孙及村里男女老少的祝福、祝贺。接下来"新郎新娘"分别坐在花轿里，在亲朋的簇拥下绕村游行一圈，气氛喜庆而热烈。

在朝鲜族人民的生活中，能够举办回婚礼是一项殊荣和品德高尚的象征，并不是所有人都有资格享受这一传统礼俗的。首先，夫妻婚龄必须达到60周年，而且必须做到夫妻忠于爱情、健康长寿、家庭和睦、子孙安康而且遵纪守法。除此而外还得具备两个条件：一是必须是原配夫妻；二是所生子女都得健在，而且没有犯法服刑者。因而，回婚礼充分反映了朝鲜族人民崇尚家庭和睦、人际关系和谐的社会伦理道德和价值观念。

回婚礼是朝鲜族所独有的重要的人生礼仪之一，对于研究朝鲜族的民俗文化特点以及民族社会文化源流演变过程具有重要价值。

望月

欢度秋夕

秋夕之日给祖坟割草

秋夕

农历八月十五日,朝鲜族称作秋夕。秋夕曾是朝鲜民族"一年最重之名节"。朝鲜族世代传承这一节日,形成独具特色的中国朝鲜族中秋节习俗。

朝鲜族秋夕节以祭祖扫墓为先。秋夕之日,人们首先要到墓地割除坟上的杂草,而后陈设祭品举行祭祀。秋夕节庆隆重,宰牛备酒,各家都用刚收获的新谷制作打糕和松饼,举行秋千、跳板、摔跤等传统民俗活动。社区民众踊跃参加,节期持续数日。

秋夕保留着朝鲜族鲜明的民族习俗特色,同时与其他民族相互了解、共庆中秋也逐渐成为新的风尚。

制作唢呐

朝鲜族传统乐器制作培训

朝鲜族传统乐器制作技艺

朝鲜民族的传统乐器距今已有近2000年的历史。其制作以手工为主，对材质、制作工序尤其是个人制作技术有着严格要求。常用的朝鲜族传统乐器有30多种。流传至今的弦乐器有伽倻琴、洋琴、牙筝、奚琴等；竹木管乐器有横笛、洞箫、短箫等；铜管乐器有唢呐；打击乐器有长鼓、圆鼓、龙鼓、手鼓等。

朝鲜族儿童服饰

传授传统服饰制作技艺

朝鲜族女性服饰

朝鲜族传统服饰制作技艺

朝鲜族传统服饰以象征纯洁、善良、高尚、神圣的白色为主，呈现出素净淡雅的风格，朝鲜族因此而有"白衣民族"之称。20世纪初，随着现代经济的渗透，机织布和丝绢、绸缎等面料开始传入朝鲜族聚居地区，朝鲜族服饰的颜色也变得多样起来。

朝鲜族传统服饰的最大特点是斜襟、无纽扣，以长布带打结，男女服饰迥然不同，男人穿裤，女人穿裙。男装的裤裆和裤腿都较宽，裤脚系布带，便于盘腿席坐；妇女所穿的短袄长度及胸，长裙则长及脚跟。

朝鲜族服饰以自织的麻布和土布为主要原料，制作时采用平面裁剪法，穿着时显得简洁明快、富于变化，完美地体现了服饰的直线美和曲线美。服饰的色彩搭配遵循阴阳五行原理，利用服装的色彩和衣料的材质演绎不同风格，使对比色搭配和近似色搭配相得益彰。

朝鲜族传统服饰是朝鲜民族在长期生产生活中逐渐形成的，保留了朝鲜族民间服饰的显著特点。此外，它还继承了隋唐时期中原服饰的许多特点，在服饰史研究方面具有极其重要的价值。

朝鲜族传统饮食泡菜

泡菜制作技艺

朝鲜族传统饮食泡菜的制作技艺是 2014 年经国务院批准列入第四批国家级非物质文化遗产名录的一种传统技艺。泡菜也叫辣白菜，朝鲜语叫"吉木其"，是朝鲜族饮食中最有特色的一种。泡菜一年四季皆可制作。

3. 非物质文化遗产活态传承

走进校园

象帽舞进校园

长鼓舞进校园

伽倻琴进校园

正在进行摔跤比赛的朝鲜族儿童

走进社区

长鼓舞进社区

洞箫进社区

碟子舞进社区

龙井老年大学农乐舞表演

传承培训

民族乐器制作技艺国家级传承人金季凤

伽倻琴艺术国家级传承人金星三（左）

朝鲜族农乐舞（象帽舞）国家级传承人金明春（右一）

盘索里国家级传承人姜信子（左）

非物质文化遗产传承基地授牌仪式

长鼓舞培训

假面舞培训

传统礼仪培训

4. 非物质文化遗产魅力再现

全国调演中展现风采

2010年参加全国少数民族非遗项目调演——农乐舞表演

2013年参加中国少数民族非遗展示周——洞箫

2010年参加全国少数民族非遗项目调演——洞箫表演

世博会上崭露头角

世博会三民活动中表演扇子舞

世博会三民活动中表演长鼓舞

走进港澳台

2009年赴中国台湾参加"国风"非遗专场演出

2011年赴中国香港参加非物质文化展演

2011年赴中国澳门参加"根与魂"非遗展演

文化遗产日

2010年文化遗产日巡演鹤舞表演

2012年文化遗产日摔跤比赛

2013年文化遗产日传统婚礼展示

非遗成为节庆亮点

"延边之春"苹果梨花节——制作打糕

龙井农夫节

洞箫艺术节

和龙金达莱文化节

"延边之春"苹果梨花节——洞箫表演

图们江文化旅游节传统服饰表演

（四）体育事业

朝鲜族广大群众特别喜爱体育运动。不仅摔跤、秋千、跳板等传统民族体育项目得到延续和普及，而且速度滑冰、排球、篮球、老年人门球项目也得到了较大的发展，足球项目更是延边各族群众之所爱，延边被誉为"足球之乡"。在竞技比赛中，延边各族体育健儿在国际赛场上取得了优异的成绩，为国争了光；在全国性体育比赛中多次获得奖牌。

近年来，民族体育事业得到蓬勃发展。延边州着力培育具有时代特点和民族特色的区域体育文化，不断推进少数民族传统体育繁荣发展。制定出台了《延边朝鲜族自治州保护和发展朝鲜族传统体育项目条例》。全州现有少数民族体育传承基地13个，其中国家级基地1个、省级基地6个。基地的民族式摔跤、秋千、跳板等项目在历届全国、全省少数民族运动会上取得骄人成绩。

1. 体育场馆

延边人民体育场原貌

延边体育中心

延吉综合体育场

2. 竞技体育比赛

中国足协甲级联赛中延边队主场比赛场面

金京珠参加2011年全国短道速滑联赛长春站女子500米决赛

3. 民族传统体育项目

秋千

跳板

摔跤

4. 群众性体育运动

滑旱冰运动

滑雪运动

速滑运动

万人长跑活动

四、社会建设

延边州成立以来,在党中央的关心支持和吉林省委、省政府的领导、部署下实施民生工程,增进民生福祉,构建和谐社会,促进民族团结,幸福延边建设迈上新台阶。

近年来,延边州紧盯群众关注的热点难点问题,持续巩固和谐稳定局面。全面放开养老服务市场,着力提升养老服务质量。全面加强食品药品、医疗卫生等行业监管。持续推进民族团结进步创建工作,全力维护边疆地区和谐稳定。深入推进党风廉政建设,严肃查处各类腐败案件。持续推进"放管服"和"只跑一次"改革,大力推行"一窗受理、集成服务",做到"只进一扇门""只跑一次",让办事不求人成为延边常态。积极构建亲清政商关系,整治"新官不理旧账"等突出问题,大力营造重商、亲商、安商、富商的浓厚氛围。

延边州始终坚持以人民为中心的发展思想,让各族群众享有更多的获得感、幸福感、安全感。2015—2020年,城乡低保平均保障标准分别由448元/月和3173元/年提高到561元/月和4021元/年;养老机构发展到183家,床位数达16730张,边境农村居家养老服务大院实现全覆盖;累计扩建城市道路194.4万平方米,更新、改造市政管网1338.7千米,增加城市绿地35240平方千米,改造老旧小区102.5万平方米,棚户区5.8万套;新建城区独立公办幼儿园13所,农村独立公办幼儿园22所,新建、改扩建校园校舍79.43万平方米,开展中小学生课后服务,惠及学生4.09万人;医疗保险实现跨省异地就医即时结算,"先诊疗、后付费"受益群众达51.7万人次,村卫生室全部完成标准化建设,行政村基本医疗卫生服务实现全覆盖。

（一）社会稳定

综治专职人民调解员化解群众矛盾

食品药品监督管理局检查节日市场

工商执法人员在检查食品市场

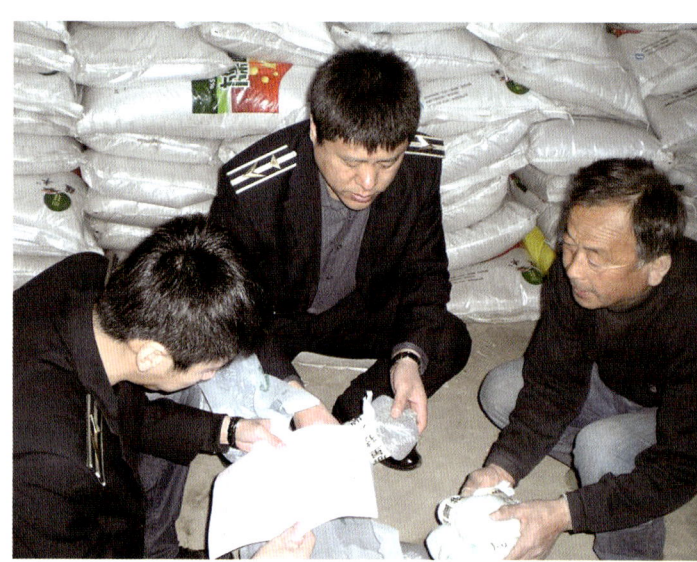
质检部门工作人员在检查产品质量

广场法律咨询活动

送法下乡

军警民边境联合执勤

公安干警抗洪抢险解救被困群众

消防应急演练

（二）安居乐业

保障性住房——敦化市廉租房

安图县两江镇四新村灾后重建图

暖房子工程——汪清县砖厂住宅楼改前改后

棚户区改造工程——安图县东华小区改造前后

延吉市金达莱小区暖房子改造

举办高校毕业生就职洽谈会

灾后重建家园

组织就业培训

搭建就业平台，建设人力资源市场

市民菜篮子不断丰富

（三）卫生健康

延边大学附属医院门诊楼外景

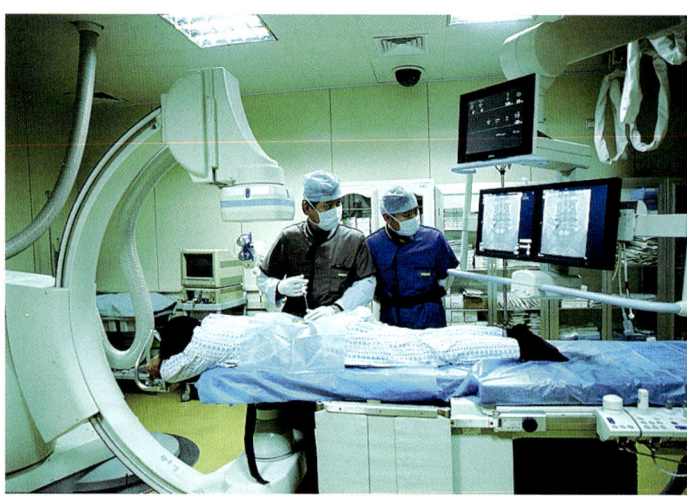
国内先进的介入室设备

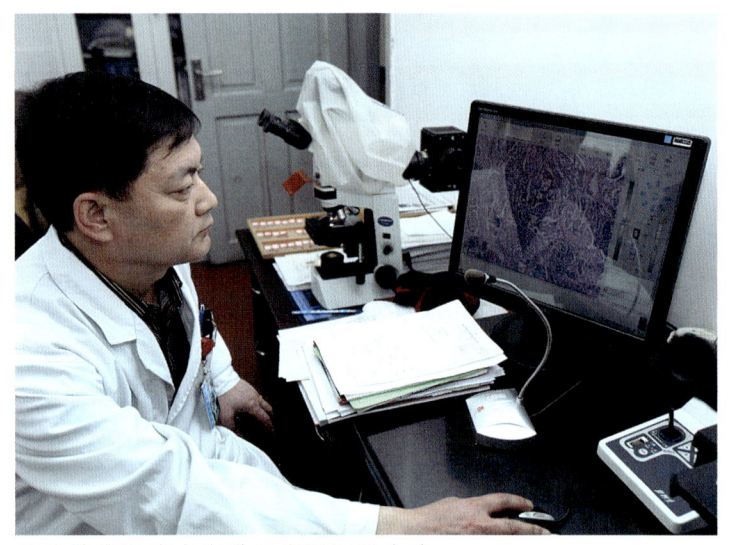
延边肿瘤医院专家进行病理远程会诊

全州朝鲜族人口负增长问题对策研讨会

延边首家生殖健康家庭保健服务中心

夕阳红敬老关怀行动

（四）友善互助

社区"邻里节"活动

春运志愿者

社区志愿者

道德模范评选活动

安图消防支队、县文化馆元旦联谊会

环保志愿者

（五）生活幸福

1980年8月15日，延边"老人节"的起源——"东盛涌老人节"在龙井东盛涌镇诞生

老年人在下棋

社区市民活动室

城里一家人在购物

金达莱花园

朝鲜族集体花甲礼

在苹果梨园弹奏伽倻琴

五、生态建设

近年来，延边州将生态环保工作摆在更加突出的战略位置，不断推动生态文明建设和绿色转型发展。大气质量不断提升，水环境质量持续改善，生态环境越来越好。

先后制定出台《延边州清洁空气行动计划实施方案》《延边州清洁水体行动计划实施方案》等十余个生态文明建设和环境保护方面的规范性文件。同时，完善政策法规，加强生态保护立法，制定《天然矿泉水水源环境保护条例》《延边州城市饮用水水源环境保护条例》，推动了各项政策、法规的落实。

积极建设国家生态文明先行示范区。汪清县汪清镇、安图县万宝镇被命名为"省级生态乡镇"，珲春市杨泡满族乡等6个乡镇通过"国家级生态乡镇"预验收。

全面实现耕地保护目标任务。野生东北虎、东北豹和红豆杉、长白松等珍稀野生动植物得到有效保护。水资源开发利用、水土保持和节水工程稳步推进。全州单位GDP能耗、二氧化碳排放量逐年下降。城市空气环境质量日益好转，全年空气质量优良天数达到320天以上。当下的延边，强化生态保护，坚持绿色发展，生态延边建设走在全国前列。

（一）自然生态

广阔无垠的茫茫林海，森林茂密的秀美山川，生机盎然的大美湿地……伴随着共和国70年的成长，延边大地发生了翻天覆地的变化，而唯独不变的，是它一脉相承的绿水青山。

延边坐落在举世闻名的长白山北麓，拥有国家级自然保护区7个，省级自然保护区6个，森林覆盖率高达81.4%。东北虎豹国家公园69.4%的面积在延边，是东北地区生态安全的重要屏障。长白山生态和植被保存完整，1980年被联合国教科文组织命名为中国第一个"生物圈保护区"。这里气候温和湿润，空气清新，冬暖夏凉，四季分明，是吉林省乃至全国公认的"天然氧吧"和"生态后花园"。

二道白河长白松省级自然保护区美人松园

珲春国家级自然保护区敬信湿地

长白山红松王

敦化黄泥河国家级自然保护区老白山高山偃松和牛皮杜鹃

龙井天佛指山国家级自然保护区内生长的松茸

敦化雁鸣湖国家级自然保护区湿地

敦化雁鸣湖国家级自然保护区内的中华秋沙鸭

珲春国家级自然保护区候鸟栖息地

珲春东北虎国家级自然保护区

汪清国家级自然保护区内的"紫杉王"

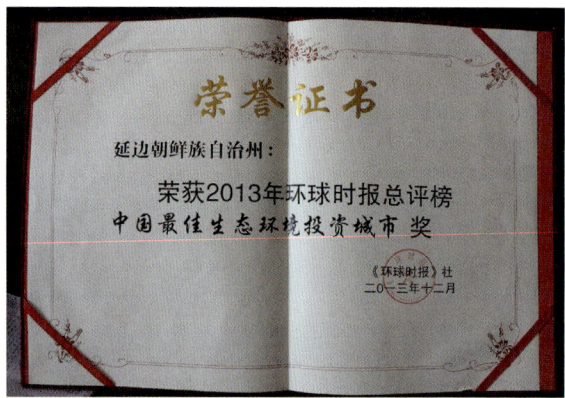

2013年中国最佳生态环境投资城市颁奖现场及证书

淘汰落后产能，大力削减污染物排放　　采取集中供热锅炉达标排放，大气污染得到改善

珲春污水处理厂化验室　　延吉污水处理厂远景

（二）生态保护

延边州委、州政府牢记习近平总书记"良好的生态环境是东北地区的优势，要贯彻绿水青山就是金山银山、冰天雪地也是金山银山的理念，使东北地区天更蓝、山更绿、水更清，生态环境更美好"的殷殷嘱托，牢固树立生态优先、绿色发展理念，精心绘制生态蓝图，建设大美延边，推进生态文明建设不断迈上新台阶。目前，森林覆盖率达 81.4%，高于全国平均值 59.7 个百分点。

延边全州退耕还林约670平方千米

汪清百万亩采育林成为中国森林可持续经营和利用的示范点

延边林业集团建设的现代化苗圃

水资源保护——图们凤梧水库

（三）人居生态

延边州严格按照吉林省委、省政府的决策部署，围绕"生态宜居"建设，把改善农村人居环境作为打赢脱贫攻坚战补短板的重大民生工程和实施乡村振兴战略的第一场硬仗，坚持高位推进，统筹各方力量，整合各种资源，着力打造生态宜居美丽幸福新延边。

经过努力，近年来延边人居环境全面改善。新建、改建农村公路1563千米，推进"四好农村路"建设，全面完成"畅返不畅"公路改造任务，建制村全部通班车。大力整治农村人居环境，6个县（市）建成农村生活垃圾收运处理体系。实施"厕所革命"，累计改造农厕45461户。创建"美丽庭院"2.8万户，"干净人家"8.6万户。和龙市光东村"乡村振兴"项目荣获国家"民生示范工程"奖。73个村被评为省级美丽乡村，8个村获"中国美丽休闲乡村"称号。

1. 农村变化

农村旧貌

农村新貌

2. 魅力乡村

安图县新合乡青沟子村

敦化市雁鸣湖镇腰甸村

珲春市敬信镇防川村

3. 城市变化

昔日的延吉市光明街

如今的延吉市光明街（夜景）

建设中的珲春

现在的珲春市沿河西街

20世纪30年代龙井远景

如今的龙井市远景

20世纪80年代图们市图们大路

如今的图们市图们大路

昔日的敦化市学府街

现在的敦化市学府街

20世纪80年代的和龙文化广场

现在的和龙文化广场

汪清解放塔广场（冰川广场原址）

现在的汪清冰川广场

4. 城市面貌

延边州首府延吉市一角

延吉市夜景

和龙市江边广场居民区

珲春市世纪广场

龙井市海兰江公园

敦化市旭达城市花园

民族团结篇

2015年7月，习近平总书记在延边考察调研时曾说："中华人民共和国成立以来特别是改革开放以来，延边州各项事业取得巨大成就，民族团结进步呈现可喜局面。"在党中央和吉林省委、省政府的亲切关怀和坚强领导下，在党的民族政策光辉照耀下，延边朝鲜族自治州历届州委、州政府始终坚持把民族团结进步作为头等大事和首要责任，团结带领全州各族人民奋发图强、砥砺前行，谱写了延边改革发展的壮丽篇章。

党的十八大以来，延边州紧紧围绕"铸牢中华民族共同体意识"这一主线，积极探索和实践民族区域自治制度在各项事业发展中的运用，延边州发生了前所未有的巨大变化。民族团结进步工作已成为引领各项工作的一面旗帜。"像爱护眼睛一样爱护民族团结"的观念早已深入人心。自治州曾连续五次被国务院评为"全国民族团结进步模范集体"，被国家民委确定为"全国民族团结进步创建活动示范州"，所辖8个县（市）中有7个县（市）被命名为全国民族团结进步示范单位。2019年，延边州9个集体、9名个人获全国民族团结进步表彰。

一、民族构成

2019年末全州常住总人口207.21万人，少数民族人口82.77万人，有汉、朝鲜、满、回、蒙古等39个民族。其中朝鲜族人口74.20万人，占总人口的35.82%，是我国唯一的朝鲜族自治州和最大的朝鲜族聚居地区。

世代传俗

二、民族团结进步创建工作

一直以来，延边州牢牢把握"共同团结奋斗、共同繁荣发展"的主题，坚持把民族团结进步创建工作纳入州政府年度重点工作目标。各县（市）结合实际，成立领导机构，建立完善工作机制，切实加强对创建活动的领导，全州上下联动，推动创建工作制度化、规范化、常态化，呈现出经济发展、政治安定、社会和谐、民族团结、边疆稳定、各族人民安居乐业的良好局面，民族团结进步工作已成为引领各项工作的一面旗帜。

（一）高度重视 争创第一

延边有着培育民族团结的肥沃土壤，"三个离不开""五个认同"成为各族干部群众的自觉行为。

一是在革命斗争年代各族人民结成了生死情谊。有17000多名各民族优秀儿女为革命献出了宝贵生命。"山山金达莱，村村烈士碑"是延边各族人民勇于牺牲、爱国奉献的真实写照。

二是历届党委、政府高度重视民族团结进步事业。民族团结进步工作列入党委、政府工作重点，不断完善民族工作领导机制和工作机制。设立少数民族发展资金和专项工作经费，实行民族工作目标管理责任制。加强民族干部培养，发挥民族干部重要桥梁和纽带作用。出台《关于加强少数民族干部队伍建设的意见》，对影响和损害民族团结的干部实行一票否决制。

三是民族团结进步工作开创全国多个第一。延边的民族团结进步工作开创了一系列"全国之最"：第一个开展"民族团结宣传月"活动（1953年）；第一个开展"民族团结先进集体、先进个人表彰"活动（1953年）；率先制定"自治条例"（1985年）；第一个普及初等教育（1958年）。

延边州成立68年来，涌现出3800多个民族团结进步模范集体和个人。图为延边州第十五次民族团结进步表彰大会现场

图们第二小学民族团结主题教育活动

《延边晨报》专版宣传报道州直机关各部门开展民族团结进步宣传月活动情况

民族团结模范、图们爱心福利院院长韩哲范（第二排右一）

（二）完善工作机制　强化宣传激励

延边州在开展民族团结进步创建工作时坚持把机制建设作为推动民族团结进步工作的重要保证来抓。

一是坚持联系协调机制。成立由地方党委、政府主要领导担任组长、副组长，党委、政府各主要部门负责人担任成员的民族团结进步创建活动领导小组。建立民委委员工作制度，全州32个委员单位各司其职，及时沟通民族工作情况，形成工作合力。

二是完善宣传机制。出台《中共延边州委州人民政府关于深入开展民族团结进步创建活动的意见》《中共延边州委州人民政府关于深入开展民族团结宣传教育活动的实施意见》《延边朝鲜族自治州关于贯彻落实中办〈关于全面深入持久开展民族团结进步创建工作铸牢中华民族共同体意识的意见〉的实施方案》，民族团结进步宣传工作实现了制度化、规范化。深入开展"民族团结心连心，携手迈进新时代"铸牢中华民族共同体意识主题教育活动。大力挖掘民族团结进步感人事迹，选树一批具有广泛社会影响、具有时代特点的先进典型，广泛宣传民族团结进步模范集体和模范个人事迹，提升民族团结进步创建影响力。

三是强化激励机制。定期召开民族团结进步表彰大会，州委、州政府每5年召开一次、各县（市）每3年召开一次民族团结进步表彰大会，总结经验，表彰先进，促进工作。60多年来，延边州本级召开15次民族团结进步表彰大会。自2017年起每年在全州范围内选树10家民族团结进步创建典型单位和10个教育基地工作。2019年选树命名10家民族团结进步创建"样板示范"单位，为延边州各县（市）、各单位因地制宜搞好创建提供了样板。

民族团结进步宣讲员讲解深入人心

2014年9月珲春民族团结进步宣传月活动现场

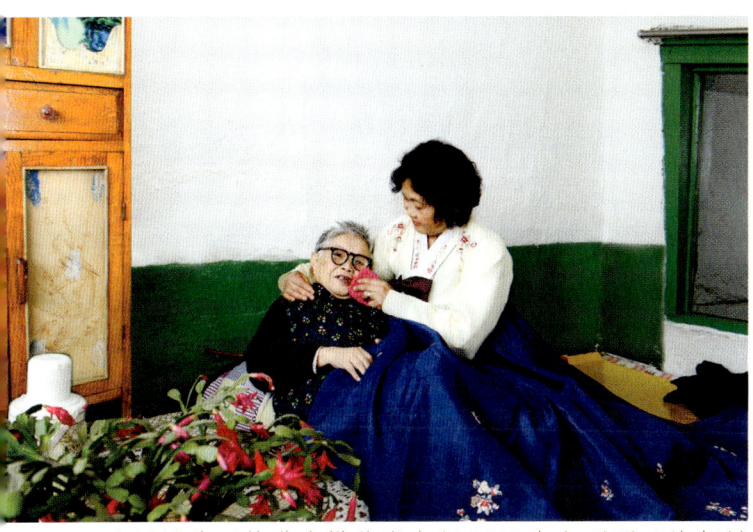
全国民族团结进步模范崔海顺1985年起照顾汉族邻居王淑艳

全国民族团结进步模范李文哲（第二排右三）和他所抚养的部分孩子

警务巡逻

守护天使

（三）创新活动载体　确保创建工作活力

延边州秉持"重在平时、重在交心、重在行动、重在基层"理念，按照人文化、实体化、大众化总要求，不断创新活动载体。

一是赋予"七进"活动新内涵，构建"从小到大、从城到乡、从里到外、从上到下"的全方位、立体式、广覆盖的联动创建格局。民族团结进步创建"七进"始于延边。通过"七进"做到：在机关，抓好少数民族干部培养选拔使用工作。在社区，积极构建各民族相互嵌入式社区环境，促进各民族群众情感、文化、利益"三融合"。在学校，引导孩子们热爱优秀传统文化，牢固树立正确的国家观、民族观、历史观，铸牢中华民族共同体意识。在村屯，大力实施少数民族特色村寨保护项目，发展特色产业。在企业，以"双回报"为载体，做好民品民贸企业国家相关优惠政策落实工作。在军警营，建立健全党政军警民"五位一体"合力固边的工作机制，促进各部队与地方各单位结成共建对子。在宗教活动场所，开展国旗进教堂活动，促宗教与社会相适应。

二是组织开展"民族团结·富民固边"主题实践活动，稳边固防促和谐。自2017年至今，先后在边境辖区投入资金50万元，建设9个民族团结工作站；建立由汉族、朝鲜族、满族等多民族组成的专职与兼职、有偿与义务相结合的治安巡逻队；针对空巢老人建立专门档案，绘制分布图，注明存在的实际困难和联系方式，设置手机一键呼叫驻村民警功能；在交通要道口、人口密集、人流量大的区域制作宣传灯箱200个。

三是围绕创建目标，多方搭建平台，推动创建活动向纵深发展。立足边疆少数民族地域特色，紧扣"中华民族一家亲，同心共筑中国梦"总目标，积极引导、鼓励各创建单位间资源互补，组建创建联盟，形成创建合力。

进学校：学校开展民族文化日活动

进村屯：松花村开展民俗活动

进企业：各民族职工共同庆祝中华人民共和国成立70周年

进军警营：困难儿童郎天赐到三家子派出所过生日

进机关：安图县民宗局开展"民族团结心连心，携手迈进新时代"主题教育活动

进社区：丹英社区各族居民观看党的十九大开幕式盛况

进宗教活动场所：清明节爱国主义教育活动

（四）创建工作与中心工作同频共振

坚持把民族团结进步创建工作与全州中心工作紧密结合。

一是坚持和完善民族区域自治制度，用法律来保障民族团结。在1985年制定《延边朝鲜族自治州自治条例》后，先后颁布实施条例46部，出台地方性法规120余个，促进民族工作法制化、规范化。

二是用好用足政策，推进地方经济社会发展。坚持用好民族区域自治、西部大开发、振兴东北老工业基地、兴边富民等优惠政策。自兴边富民行动实施以来，延边共争取资金9.19亿元，实施项目1601个。对外开放不断扩大。珲春海洋经济发展示范区创建工作纳入国家重点支持范围。"空中走廊"加速拓宽，增开连接俄、韩、日等周边国家的空中航线，与环日本海国家全部实现通航。空港旅客吞吐量达166万人次，增长9.87%；国际旅客占比43%，居全国支线机场首位。

三是协同保障少数民族群众利益。深入贯彻《城市民族工作条例》及《吉林省清真食品管理条例》，严格落实回民肉食补贴，加大清真食品联合检查力度，规范使用清真标识牌。积极协调教育、卫生、人力资源和社会保障等部门，帮助少数民族流动人口解决就业、就医、孩子入学等问题。建立健全社区民族纠纷协调处理机制，推行"三站（综治信访站、民生服务站、群众工作站）统管"社会管理模式，有效维护了少数民族权益，促进了社会和谐稳定。

四是扎实开展脱贫攻坚工作，持续加强民生改善。脱贫攻坚如期完成目标。贫困人口基本医疗保险、大病保险、医疗救助实现全覆盖，贫困家庭子女义务教育阶段适龄儿童无一辍学。持续加强民生改善，每年新增财力的70%以上用于就业就医、饮水安全、保障性安居工程。2019年投资73亿元，实施"十大民生工程"和"百件惠民实事"。边境农村居家养老服务大院实现全覆盖。城镇和农村常住居民人均可支配收入稳步增长。

民族团结灯箱

深入社区村屯为育龄群众义诊

进部队慰问演出活动

农民在农家书屋里读书学习

和龙金达莱民俗村

快乐的农民们在欢庆丰收

迎州庆全州职工广场文艺演出

各民族传统文化焕发新光彩，人民群众的文化生活不断丰富。图为朝鲜族群众在进行传统游戏掷柶戏

（五）宣扬民族文化　增进制度认同

大力宣传优秀传统文化，着力推进独具特色的朝鲜族文化、图们江文化、长白山文化和红色文化，不断增强各民族群众对伟大祖国、中华民族、中华文化、中国共产党、中国特色社会主义的认同，构建各民族共有的精神家园。

一是把尊重、发展少数民族文化与传承、弘扬中华民族优秀传统文化有机融为一体，加快推进文化事业发展。自2018年起，每年设立1000万元专项资金，重点支持少数民族原创作品创作、人才培养、非物质文化遗产保护及举办重大活动，支持民族文化事业发展。

二是植根于国家通用语言文字，民族教育事业不断扎实推进。切实做好国家通用语言文字教育，提高少数民族参与社会事务和自我发展能力，促进各民族交流交往交融。全面实施义务教育，在全国民族地区率先实现扫除文盲，圆满通过国家义务教育基本均衡验收。

三是民族体育事业得到蓬勃发展。着力培育具有时代特点和民族特色的区域体育文化，不断推进少数民族传统体育繁荣发展。制定出台《延边朝鲜族自治州保护和发展朝鲜族传统体育项目条例》。全州现有少数民族体育传承基地13个，其中国家级基地1个、省级基地6个。基地的民族式摔跤、秋千、跳板等项目在历届全国、省少数民族运动会上取得了骄人成绩。

歌舞剧《长白山阿里郎》

延边州直机关举办"不忘初心 牢记使命"庆祝中华人民共和国成立七十周年文艺汇演，全体演员合唱《歌唱祖国》

延边博物馆

三、民族团结进步教育基地典型案例

(一)民族团结进步教育的重要阵地——延边博物馆

延边博物馆自 2007 年被国家民委命名为"全国民族团结进步教育基地"以来,一直秉承为传承民俗文化、促进民族团结和谐进步、推动地方经济发展服务的工作理念,大力弘扬中华民族心连心的优良传统和以爱国主义为核心的民族精神,传播民族和谐的正能量,成为保护地方文化、促进民族团结进步教育的重要阵地。

1. 完善基础设施,提高民族团结服务质量

延边博物馆现有《朝鲜族民俗陈列》《千秋正气——中国朝鲜族革命斗争史陈列》《延边出土文物陈列》三大基本陈列和两个专题展览、一个临时展厅,展出了朝鲜族的优秀民族文化、悠久的历史文化底蕴和曲折的发展脉络,以及朝鲜族人民为中华人民共和国成立所立下的卓越功勋。年接待观众近 20 万人,成为延边州对外宣传民族文化的重要窗口。

2. 深入开展教育活动,促进民族团结进步

延边博物馆把中心工作与民族团结进步教育活动有机结合起来,以展览宣传为主,寓民族团结教育于丰富多彩的展览和活动之中。利用特殊节假日,开展教

延边博物馆流动展带到军队干休所　　　　　　　"庆六一、迎端午"活动

学体验活动。充分利用"端午节""儿童节""清明节""妇女节""5.18博物馆日"等特定节日，结合博物馆展览内容，以参观学习、趣味问答、探秘找寻、手工体验等环节，组织策划符合青少年年龄、兴趣的社教活动。通过这些"看得到""说得到""做得到"的活动方式，让人们通过学习、探索和体验，切切实实地达到教育和学习目的，了解和传承民俗文化。此外，延边博物馆还经常性地开展流动展览。通过多种业务活动，为朝鲜族民族文化的传承和发展创造更多的空间，促进民族团结进步，筑牢民族团结群众基础。

3. "走出去、引进来"，推动民族文化传播

延边博物馆积极利用馆藏资源，坚持优势互补、文化共赢的理念，打造精品展览，实施"走出去、引进来"的文化传播策略，全力推进馆际交流与合作，加强对外推介，逐步构建博物馆区域合作群体，促进民族文化交流。先后与30余家博物馆进行业务协调与对接，与云南红河州博物馆、福建民俗博物馆、上海博物馆、宁波博物馆等多家签署交流互展协议，与13家国内异地博物馆达成了意向性交流互展协议。

（二）让历史说话——汪清县红日村村史馆

红日村位于汪清县大兴沟镇西北部18千米处，全村325户，1150人。后河村是朝鲜族村屯，全村实际居住50人。长期以来，两村村民混居在同一个自然屯，和睦共处、亲如一家，共同谱写了民族团结进步的和谐乐章。不仅如此，红

汪清县红日村村史馆　　　　　　　　　　汪清县红日村村史馆内部图

日村还是汪清县第二任县委书记金相和的牺牲地，著名抗联将领李兆麟先生的夫人金伯文也在此战斗过。

1. 丰富历史底蕴，营造浓厚民族团结氛围

红日村村史馆由原天主教堂改建完成。该教堂于 1931 年由德国神父建造。它坐北朝南，整个建筑面积 260 平方米，外侧是青砖厚土，室内是木质结构。屋里扇扇窗户设计巧妙，从早到晚屋子里始终是亮的，解决了当时没有电的问题，经过 80 多年的风雨磨砺，依然坚固，是汪清县相对保存较为完整、具有历史意义的建筑物。1945 年汪清解放以后，教堂改为第四区政府办公楼，1951 年改为文艺活动场所，2017 年改建成红日村村史馆，对外展出。

2. 依托环境建设，推动民族团结纵向发展

红日村最初叫大房子，因迁移过来的朝鲜族在这里建了一所很大的房子而得名，后来人口越来越多，村子在河流的后侧，村子更名为后河村。改革开放后汉族群众成立红旗高级社，朝鲜族群众成立日光高级社，因朝汉民族互帮互助，团结一心，红旗公社和日光公社合并，各取了其中的首字，改名为红日村，寓意是朝汉民族亲如一家，蒸蒸日上。

近年来，汪清县坚持用足用活红色文化资源，结合红日村实际，打造了以"两馆一园一居一校"为主体的全州唯一的村级现场教学基地。"两馆"即建设红日村党性教育馆，"一园"即金相和烈士陵园，"一居"即金伯文故居，"一校"即"童长荣红军小学红日分校"，联合红日村村史馆，多重打造可看、可听、可感、入情、入脑、入心的红色教育与民族教育融合的"汪清模式"。

3. 加强宣传教育，深度挖掘民族团结内涵

红日村村史馆展出包括金相和、金银植、金哲等在内的朝汉抗日英雄事迹。在艰苦的抗战岁月中，朝鲜族将士团结带领朝汉各族群众谱写了一曲民族团结共御外辱的动人赞歌。也正是从那时起，民族团结的种子已植入到汪清百姓心间，历经百年，日久弥新。

村史馆内有"文化大革命"时期朝、汉文并用的毛泽东语录，自南向北依次陈列了红日村发展史、抗战史，集中反映了汪清县朝汉各族群众共同团结奋斗、共同繁荣发展的历史。

（三）民族文化促进民族团结——安图县文化馆

安图县文化馆成立于1952年，2011年被延边州政府确定为"非物质文化遗产传承基地"，2019年11月，《国家级非物质文化遗产代表性项目保护单位名单》公布，安图县文化馆（安图县文化中心）获得"朝鲜族鹤舞项目"保护单位资格。

1. 筑牢民族团结教育基地

安图县文化馆一直在新时代、新思想、新目标、新征程、新部署的指引下，以"中华民族一家亲，同心共筑中国梦"为主线，着力深化民族团结进步教育工作，引导各族群众准确领会把握先进文化思想，不断开创新时代民族团结进步事业新局面。建立"爱心艺术培训基地"，免费为贫困家庭的孩子提供贴心、专业的民族传统舞蹈辅导和培训，改善残疾贫困儿童接受传统艺术类培训困难的局面。最大限度发挥个人潜能，凝聚众人力量推进工作，切实达到以工作促进民族团结、用民族团结带动工作的目的。

2. 传承发扬民族传统文化

为传承和发扬民族优秀传统文化，进一步推进地域特色文化建设，文化馆采取有效措施，提高非遗展示传播活动的实效性。按照传统工艺振兴工作要求，在"文化和自然遗产日"系列活动期间，进行"安图隋氏铁制品制作技艺""张氏传统皮具制作技艺"等传统技艺类非遗项目的现场展示和技艺表演，为非遗项目的活态保护提供新的实践可行性。同时，以非遗摄影图片展的形式，更加形象地展现长白山文化资源发掘和保护利用方面的阶段性成果，唤起广大群众保护非遗项

安图县大型歌舞剧《长白山阿里郎》在全国各地多次公演，获得高度评价。作品包含"朝鲜族鹤舞""朝鲜族牙拍舞"等15项非遗内容

安图县文化馆每年组织文化活动丰富各族群众业余生活

组织开展"文化和自然遗产日"系列活动

目的文化自觉意识。

3. 扎实做好地域特色文化建设

文化馆努力建立具有浓郁民族特色的文化创新发展体系，大量开展朝鲜族传统艺术传承活动，朝鲜族特色文化的影响力越来越大。近年来该馆以地域风情和民众生活为素材，创作表演了很多具有较高审美价值和文化品位的舞台艺术作品，并取得了可喜的成果。文化馆倾力创作的大型歌舞剧《长白山阿里郎》多次在省内外进行公演，并于2018年9月参加第二届吉林省少数民族地区文艺会演荣获歌舞剧类三等奖。2019年6月20日至7月4日，歌舞剧赴吉林省少数民族聚集地区（通化市、长白朝鲜族自治县、敦化市）进行巡演，为营造民族团结进步的和谐局面起到积极的作用。

珲春市各民族群众在一眼望三国边防哨所共同升国旗唱国歌

四、民族团结进步创建的经验启示

第一，必须坚持党在民族工作中的领导核心地位，切实发挥好党组织的凝聚引领作用，这是推进民族团结进步事业的根本保证。延边各族人民在战争年代就形成了坚定不移跟党走的光荣传统，爱党爱国成为60多年来延边人不变的情怀。党在各族人民中的崇高威望、党对民族工作的高度重视、党组织核心作用的有效发挥，是延边民族团结经受住各种考验、历久弥坚的最根本原因。

延边州民族团结进步创建历程表明，只有不断加强和改善党对民族工作的领导，不断密切党与各族群众的血肉联系，才能确保民族团结进步事业沿着正确方向不断前进。

每年9月为延边州"民族团结进步宣传月"。图为宣传月期间不同民族相互学习,亲如一家

军民鱼水情

第二,必须大力促进各民族共享发展成果,共同繁荣进步,努力实现各族群众共同利益最大化,这是推进民族团结进步事业的坚实基础。民族之间发展水平比较均衡、区域内经济社会发展比较协调,是延边一个十分鲜明的特点。各族人民创业激情的充分迸发,保障和改善民生的积极成效,有力促进了延边各族和睦相处、和衷共济、和谐发展。

延边州民族团结进步创建历程表明,只有把民族政策的优越性体现到实现人民群众根本利益上来,切实满足各族人民追求平等、谋求发展的要求,才能使民族团结不断得到巩固和升华。

第三,必须把培育铸牢中华民族共同体意识贯穿民族工作全过程,凝聚各族建设共有精神家园的力量,这是推进民族团结进步事业的强大支柱。中华民族优秀传统文化的多姿多彩,各族人民爱国爱家乡的一致信念,在延边大地上和谐统一、有机融合。坚持中国特色社会主义道路,已经深深扎根于延边各族人民心中,成为激励延边各族人民团结奋进的磅礴动力。

延边州民族团结进步创建历程表明,只有将社会主义核心价值观体系与各民族传统文化相结合,不断铸牢中华民族共同体意识,就是建设各民族共有精神家园的强大精神纽带。

第四,必须善于把中央精神与地方特点有机结合,创造性地贯彻好党的民族

图们第二小学民族团结主题教育活动　　全国民族团结进步模范个人崔基玉（右二）在天安门城楼上翩翩起舞

政策，这是推进民族团结进步事业的有效途径。延边始终牢牢把握党和国家的大政方针，立足边疆民族地区实际，最大限度地把民族政策的普惠性与地方特殊性结合起来，构建符合州情、独具特色的发展模式。这种实事求是的态度、因地制宜的做法，使延边的民族团结进步事业始终充满活力。

延边州民族团结进步创建历程表明，只有把党和国家民族工作大政方针与各地实际紧密结合，坚持走有中国特色和地方特点的民族工作路子，才能确保党的民族政策得到全面落实，发挥应有效力。

第五，必须充分尊重、高度信任少数民族干部和群众，最大限度地调动各方面的积极性，这是推进民族团结进步事业的力量源泉。中共延边州委、州政府始终既调动朝鲜族的积极性，又注意调动汉族和其他民族的积极性，把各族干部群众的智慧和力量凝聚到建设延边的共同事业中来。"三个离不开""五个认同"观念的深入人心，各民族积极性、主动性、创造性的充分发挥，形成了促进民族团结进步的强大合力。

延边州民族团结进步创建历程表明，只有相信、团结和依靠各族广大干部群众，充分发挥好他们在改革发展稳定中的关键作用，才能不断增强中华民族凝聚力、铸牢中华民族共同体意识、开创民族团结进步事业新局面。

梨花盛开的地方

自然人文篇

延边朝鲜族自治州拥有国家级自然保护区 7 个、省级自然保护区 6 个，森林覆盖率高达 81.4%。这里气候温和湿润，空气清新，冬暖夏凉，四季分明，是吉林省乃至全国公认的"天然氧吧"和"生态后花园"。州内已探明金属、非金属矿产 93 种，储量巨大。延边素有"长白林海"之称，有丰富的野生动植物及药用植物资源，盛产被誉为"东北三宝"的人参、鹿茸、貂皮。延边大米、黄牛、苹果梨等特色产品驰名中外。州内有大小河流 487 条，水能蕴藏量巨大。

延边州有其独特的自然景观和人文景观。享有盛名的长白山气势雄伟、风光奇特、景色宜人，是闻名中外的旅游胜地。巍峨耸立的白云峰，波光粼粼的天池，咆哮奔泻的瀑布，星罗棋布的温泉群，亭亭玉立的美人松，"鸡鸣叫三国，犬吠闻三疆"的边疆风貌令人流连忘返，特别是多姿多彩的朝鲜族民俗风情使人耳目一新。长白山风光游、朝鲜族民俗风情游等旅游项目具有广阔的市场空间，每年吸引着大量的中外游客。

长白山满怀豪情，金达莱绽放笑脸。延边宛如镶嵌在东北亚金三角上一颗璀璨的明珠，光彩夺目。走进延边，就仿佛走进了人间天堂，走进了一幅七彩画卷。

一、生态之魅——大美长白山

长白山雄浑壮美，天池水清澈怡人。天池、瀑布、温泉、峡谷闻名遐迩，大美长白山，中华十大名山之一。

（一）中华十大名山之一——长白山

长白山因山峰多白色浮石与积雪而得名，素有"千年积雪万年松，直上人间第一峰"的美誉。长白山在《山海经》称"不咸山"，北魏称"徒太山"，唐称"太白山"，辽金已有"长白山"之名。长白山是中华十大名山之一，是拥有"神山、圣水、奇林、仙果"等盛誉

云锁长白

长白瀑布

的旅游胜地，也是满族的发祥地。长白山天池位于长白山主峰火山锥体的顶部，是一座休眠火山口，经过漫长的年代积水成湖。长白山天池海拔2189.1米，略呈椭圆型，南北长4.4千米，东西宽3.37千米，是中国最高最大的火山湖，是东北三条大江——松花江、鸭绿江、图们江的发源地。

长白山在我国境内的最高峰是"白云峰"，海拔2691米，也是我国东北地区最高峰。由于火山喷发，至今仍有大量灰白色浮石覆盖着山顶，加上山顶每年积雪达9个月，北坡的沟谷终年积雪形成小块冰川，因此人们就把这部分锥体奇峰叫做"白头山"。《抚松县志》有一首七言诗赞美白山积雪："惟有白山极壮观，层峦高耸日光寒；年年剩有白头

长白山之夏

雪，皎洁偏宜月下看。"在长白山顶，有火山喷发后留下来的火口，那里积水而成天然的湖泊，叫做"天池"。它是我国海拔最高的火山口湖，是我国最深的湖泊，也是中国、朝鲜两国的界湖。天池略呈椭圆形，水面海拔为2189.1米，总蓄水量是20亿立方米。天池周围有16座山峰，环湖耸立，临湖一侧山峰高大险峻，岩崖如削，直插湖水中。天池水水质清澈，清凉可口，沁人心脾，被奉为圣水。天池湖水深幽清澈，像一块瑰丽的碧玉，镶嵌在群山环绕之中，岚影波光，白云相映，秀丽异常，使人如临仙境。山上气候瞬息万变，有时阴沉数日不开，有时乍阴乍晴，天池若隐若现，光怪陆离。这雾霭风云，却也绘出了天池"水光潋滟晴方好，山色空蒙雨亦奇"的绝妙景象。

长白山秋韵

安图雪山飞湖度假区

安图长白山大戏台河景区

（二）长白山第一县——安图县

安图县位于吉林省东部、延边州西南部。闻名遐迩的长白山主峰及天池、瀑布等主景区坐落在县境南部，因此安图素有"长白山第一县"之美誉。安图县生态完好，拥有人类赖以生存和发展最重要而又最优质的空气、水、土壤、植被等自然生态资源。安图作为东北地区生态屏障，全县森林覆盖率达87%，空气负氧离子含量和海南一样，每立方厘米达10万个以上；有世界上最优质的矿泉水资源，域内88条河流，是松花江、图们江、鸭绿江三江之源；有肥沃的东北黑土地资源，孕育了珍贵丰富的林下资源。2016年11月，安图县被国家旅游局评为第二批国家全域旅游示范区。2020年4月11日，安图县退出贫困县序列。

和龙仙景台国家级风景名胜区

（三）人间养生仙境——和龙市

和龙市位于延边州南部，坐落在长白山脚下，与朝鲜隔江相望，边境线长165千米，总面积5069平方千米，是图们江、海兰江的发源地，金达莱的故乡，素有"长白山下金达莱，最美中朝边境线"之美誉。和龙市旅游资源十分丰富，是一座"极目处尽是风景，风景更在云天外"的大美之城，拥有仙峰国家森林公园、图们江源国家森林公园、泉水河国家湿地公园、渤海中京国家考古遗址公园、仙景台国家级风景名胜区等国字号的"四园一区"，被人们誉为中国北方的"三亚、九寨沟、韩国济州岛"。

和龙仙峰国家森林公园

仙峰老里克湖高山湿地

仙峰暗河瀑布

兰家大峡谷国家森林公园位于汪清县东部,属于长白山脉。景区内植被丰茂,东北虎、东北豹频繁出没,是长白山最具原始风貌的景区

(四)森林旅游胜地——汪清县

汪清县位于吉林省东部,延边州东北部,吉林、黑龙江两省交界处。汪清因林而生,属长白山腹地林区县份,境内山川密布,阡陌流金,森林覆盖率高达92%。"绿水青山就是金山银山"。近年来,汪清县委、县政府深入落实国家和省、州生态文明建设战略部署,立足资源禀赋,放眼长远发展,用生态理念谋划建设经济和社会各项事业,先后争取了国家第三批资源枯竭城市、国家主体功能区、首批全国生态保护与建设示范区等政策项目。举全县之力打造国家级生态建设示范县,构建了"生态经济发展、生态文化繁荣、生态环境优美、生态社会和谐"幸福美丽汪清,是生态型人居福地。

满天星国家森林公园

兰家枫叶谷

敦化金鼎大佛

（五）旅游胜地——敦化市

敦化市位于延边州西部长白山西麓，是延边州的"西大门"。敦化市历史悠久，素有"千年古都百年县"之称，是渤海古国和清皇室的发祥地。敦化是全国重点林区之一，森林覆盖率达84.9%。已探明矿产资源37种，占延边州已发现矿种的42.5%。境内有国家5A级景区六鼎山风景区、雁鸣湖国家级湿地自然保护区、世界最大尼众道场正觉寺、世界最高释迦牟尼青铜坐佛金鼎大佛，拥有渤海古墓群和渤海震国第一城东牟山等国家级文物保护景观。

敦化六鼎山文化旅游区

敦化清祖祠

敦化雁鸣湖湿地

延吉地标——永远盛开的金达莱

延吉帽儿山国家森林公园

二、民族之魅——最炫民族风

长鼓敲起来，象帽甩起来！来到延边，你就会领略到朝鲜族那别样的民俗风情。

（一）中国优秀旅游城市——延吉市

延吉市是延边州的首府，是一座生态优美的绿色宜居城市。四季分明，气候宜人，城市三面环山，"两河"绕城，整座城市被森林、植被所环绕，森林覆盖率达62.7%，非常适合人们休闲度假、生活居住。近年来，以"三城联创"（全国文明城市、国家卫生城市、国家园林城市）、创建"五好延吉"为动力，不断加强以改善居住环境为目标的城乡建设；以社会管理创新、唱响群众工作"三部曲"为抓手，不断加快以改善民生为重点的社会建设，先后五次荣获"全国民族团结进步模范集体""全国双拥模范城"七连冠、"全国和谐建设示范城市"等多项荣誉，是全国35个社会管理创新综合试点城市之一。

延吉夜色

中国朝鲜族民俗园

朝鲜族百年老宅

曾任吉林省委副书记、延边州委书记的张德江题词

红旗朝鲜族民俗村

（二）中国朝鲜族第一村——红旗村

红旗朝鲜族民俗村位于延边州安图县万宝镇，是省、州命名的朝鲜族民俗村，号称"中国朝鲜族第一村"。这里地势平坦，环境幽雅，该村一直保留着古老的朝鲜族民俗风情。独具风味的牛肉汤、河鱼汤、海菜汤、酱汤以及各种各样的泡菜，民间酿制的米酒、清酒、浊酒，特制的冷面、打糕、松饼、烧烤令人胃口大开，回味无穷。在这里不仅可以直接参与朝鲜族传统饮食打糕、米肠、泡菜的制作，还可以亲身体验秋千、跳板等朝鲜族体育游戏。更有专业的朝鲜族民族歌舞演员为游客表演正宗的朝鲜族歌舞节目。该村基本上形成了行、游、食、住、购、娱为一体的服务体系。

海兰江畔稻花香——和龙平岗绿洲

（三）中国最有魅力休闲乡村——金达莱村

金达莱民俗村原名明岩村，位于延边州和龙市中部，具有得天独厚的州花——金达莱花品牌优势。依托浓郁的朝鲜族民俗风情和金达莱品牌优势，借助长白山旅游交通便利优势，初步打造成集民俗旅游、田园观光、风味餐饮、农家旅馆等功能于一体的 AAA 级现代农村田园旅游新区，自然山水资源丰富，自然生态环境优良，有适宜度假的气候环境，具有较高的观赏游憩价值。

和龙渤海中京国家考古遗址公园

和龙金达莱朝鲜族民俗村

龙井三合朝鲜族民俗村

（四）中国朝鲜族历史文化发源地——龙井市

龙井市位于吉林省东部，延边州东南部，长白山东麓。至今完整地保留着朝鲜族传统的文化、艺术、礼仪、饮食、服饰、节日等民族特色，素有"教育之乡""歌舞之乡""文化之乡"的美誉，是灿烂的朝鲜族民俗文化保存最为丰富、最为精彩的城市，也是国内朝鲜族居住最为集中的地区。成功申报御粮田、百种节等四项省级非物质文化遗产，形成了历史文化底蕴丰厚、时代特色鲜明的朝鲜族民俗文化景观，被誉为"中国朝鲜族民俗文化发源地"。

龙井一松亭

著名爱国诗人尹东柱故居

龙井大成中学旧址

图们月晴百年部落民俗节庆

（五）中国朝鲜族非物质文化遗产馆——图们市

图们市位于吉林省东部，长白山脉东麓，图们江下游。与朝鲜咸镜北道稳城郡隔江相望，东与珲春市相邻，西与州府延吉市相连，南与龙井市相接，北与汪清县相邻，是一个以朝鲜族为主的多民族聚居城市。2018年12月被国家民委命名为第六批全国民族团结进步创建示范区（单位）。

百年部落

图们江文化旅游节

中国朝鲜族非物质文化遗产展览馆位于图们市图们江公园广场,总建筑面积2000平方米,该展馆是中国唯一的朝鲜族非物质文化遗产专题展览馆

（六）舌尖上的延边——朝鲜族特色餐饮

朝鲜族饮食文化与从事水稻生产有着直接关系。在朝鲜族传统饮食中，以稻谷类和蔬菜为主，菜肴通常以辣为特征；在日常饮食中，一般以米饭为主，以菜汤为副食，兼备各种风味小菜。朝鲜族历来以素食为主，不喜欢吃油腻的食物，其饮食特点可以概括为辛辣、凉爽、清淡。

1. 冷面

冷面是朝鲜族的传统食品，是用荞麦面或小麦面（也有用玉米面、高粱米面、榆树皮面的）。朝鲜族有正月初四中午或过生日时吃冷面的传统。据民间传说，吃了纤细绵长的冷面，就会预兆多福多寿、长命百岁，故冷面又名"长寿面"。

2. 朝鲜族泡菜

泡菜是极具朝鲜族特色的风味食品。泡菜的品种繁多，选料广泛，既有天然的山野菜，又有常见的农家蔬菜。所用的原料随季节的不同而变化。

3. 打糕

打糕也叫米糕，是朝鲜族传统稻米食品，把糯米煮熟后捶打而成。其传统做法是将蒸熟的糯米放到木槽或石槽里用木槌反复捶打，直到打碎每一粒糯米为止。而后将其切成小块，拌佐料食用。佐料有蔗糖、黄豆粉、花生粉等。

冷面

朝鲜族泡菜

打糕

石锅饭

石锅拌饭

包饭

4. 石锅饭

石锅饭是在特制的石头锅里做出的米饭。也有二米饭、豆饭，但所有的米都是上等的米，经过 10 个小时浸泡才能煮饭。做好的石锅饭具有松软和米香特点，明显区别于电饭锅和普通铁锅做出的饭，锅底有一层锅巴，别有一番风味。

5. 拌饭

拌饭在延边被分为石锅拌饭和普通拌饭。石锅拌饭是在石锅中用香油做底，加入米饭，加热后和多种蔬菜、肉末、鸡蛋、香菇配以朝鲜族特色辣椒酱搅拌均匀后食用；普通拌饭是在特定的器皿而非石锅中加入食材搅拌食用，清淡美味，健康养生。

6. 包饭

包饭顾名思义将米饭包着吃。使用大小合适的生菜或白菜、海带、熟包菜、马蹄叶等将米饭和熟五花肉、肘子肉等肉类配上蒜片、青椒段和延边朝鲜族大酱等包在一起吃，满嘴鲜香，健康美味。

中朝界江——图们江源　　　　　　　　图们江源中朝界碑

三、边境之魅——沿疆游三国

鸡鸣闻三国，犬吠惊三疆。沿着悠长的边境线，你会领略到朝俄独特的异国风光。

（一）中朝边境风貌——图们江

图们江，是亚洲东北部河流，发源于中朝边境长白山山脉主峰东麓，江水由南向北流经中国的和龙市、龙井市、图们市、珲春市四县市，朝鲜两江道、咸镜北道，俄罗斯的滨海边疆区的哈桑区，在俄朝边界处流入日本海。

120多年前设立的中俄界碑——土字牌

珲春防川龙虎阁

（二）图们江区域国际合作示范区——珲春市

珲春市是一座美丽的近海口岸城市，位于吉林省东南部、图们江下游，地处东北亚几何中心，是我国通向东北亚的窗口和欧亚大陆桥的起点之一，具有"三大特点"和独特的"五大优势"，即边疆地区、少数民族县市、开放前沿城市。

2019年9月3日，"美丽中国 鲜到延边——让世界知道延边味道"2019东北亚(中国·延边)文化旅游美食周在珲春市拉开帷幕。来自中国、俄罗斯、朝鲜、韩国、日本、蒙古国的特色美食吸引大量中外游客寻味而至，在夜色中伴着歌舞掀起一场美食狂欢。

21世纪中国第一缕曙光首照地——珲春森林山

登上龙虎阁,一眼望三国

珲春敬信湿地

朝鲜鲤明水瀑布

俄罗斯风情——符拉迪沃斯托克（海参崴）

朝鲜罗先特别市

俄罗斯风情——符拉迪沃斯托克（海参崴）

（三）东北亚跨境旅游——一团游三国

2016年1月，国务院印发《关于支持沿边重点地区开发开放若干政策措施的意见》，支持延边等有条件的地区研究设立跨境旅游合作区，延边跨境旅游合作区设想上升为国家战略，为延边发展跨境旅游合作夯实了基础、创造了机遇。

在多方协调配合下，韩国——延边——俄罗斯跨国旅游线路于2018年12月末正式推向市场，截至2019年1月12日，此团型已经发出3团，每周1团。韩国——延边——俄罗斯跨国旅游线路的成功运营，实现了延边"一团游三国"的设想，利用延吉朝阳川国际机场环日本海的航线资源优势，为延边成为东北亚旅游集散中心奠定了良好基础。

中外游客登天池

四、冰雪之魅——雪韵图们江

冰雪世界，洁白如玉，延边是冬季游的首选之地。茫茫的林海雪原，天然的滑雪场地，让您体味到冰雪风韵的无限魅力。

延边雪乡——老里克湖

延吉冰雪世界

图们江冰雪节

结　语

　　一幅幅画面，一段段文字，一个个故事，记录着曾经的沧桑，镌刻着今日的辉煌，饱含着铭恩奋进的情怀，承载着对美好未来的憧憬。

　　忆往昔，峥嵘岁月，铸就辉煌。

　　看今朝，山河壮丽，安居乐业。

　　展未来，蓝图绘就，壮志满怀。

　　今天的延边各族人民将牢记习近平总书记殷殷嘱托，更加紧密地团结在以习近平同志为核心的党中央周围，永远听党话、感党恩、跟党走，高举中国特色社会主义伟大旗帜，不忘初心、牢记使命，勇于创新、锐意进取，让生态保护更扎实、产业致富更坚实、民生改善更温暖、民族团结更牢固，共同谱写中华民族伟大复兴中国梦美丽延边新篇章！

后 记

经过多方努力和精心准备,《美丽中国·和谐家园——民族自治地方发展成就展巡礼》系列丛书(以下简称"《巡礼》系列丛书")终于与广大读者见面了。编纂《巡礼》系列丛书旨在打造"永不闭幕"的民族自治地方发展成就展,提供书写新时代、记录民族自治地方发展成就的"微型百科全书"。国家民委高度重视丛书的编纂工作,有关领导审批了编纂方案。办公厅致函相关省区民(宗)委协助做好《巡礼》系列丛书图文资料的补充、更新、审核等工作,文化宣传司等部门对编纂工作给予了具体指导。相关省区民(宗)委和各自治州州委、州政府及民(宗)委给予了大力支持,确定联络员协助做好有关工作。民族画报社积极支持,提供相关图片资料;民族出版社承担了出版任务,做了大量工作,谨此一并致谢!

《巡礼》系列丛书是在展览的基础上补充完善相关资料,图片、文字均未能支付稿酬,深表歉意!因水平有限,疏漏在所难免,敬请读者批评指正。

《美丽中国·和谐家园——民族自治地方
发展成就展巡礼》系列丛书编委会

图书在版编目(CIP)数据

美丽中国·和谐家园：民族自治地方发展成就展巡礼. 延边朝鲜族自治州卷 / 民族文化宫编. -- 北京：民族出版社，2021.6
ISBN 978-7-105-16418-9

Ⅰ.①美… Ⅱ.①民… Ⅲ.①中国共产党 – 民族工作 – 成就 – 延边朝鲜族自治州 Ⅳ.①D633

中国版本图书馆CIP数据核字（2022）第063400号

责任编辑	向阳
装帧设计	金晔
出版发行	民族出版社
地　　址	北京市和平里北街14号
邮　　编	100013
网　　址	http://www.mzpub.com
印　　刷	北京盛通印刷股份有限公司
经　　销	各地新华书店
版　　次	2022年7月第1版　2022年7月北京第1次印刷
开　　本	880毫米×1230毫米　1/16
印　　张	18.75
定　　价	380.00元

ISBN 978-7-105-16418-9／D·3302（汉534）

该书若有印装质量问题，请与本社发行部联系退换
编辑室电话：010-58130512　　发行部电话：010-64224782